वॉचमैन नी का पूरा संदेश परमेश्वर और संसार के बीच सम्बन्ध में

बैठो , चलो और खड़े रहो और शैतान - पांचवां संस्करण:

विशेष रुप से प्रदर्शित - विश्व इतिहास में जापान और चीन के युद्ध – 663 ई. से 1972 पांचवां संस्करण

द्वारा

वॉचमैन नी और राजदूत मंडे ओ. ओगबे

विषयसूची

लेखक के बारे में – वॉचमैन नी: बैठो, चलो और खड़े रहो

परमेश्वर का गतिशील उद्धार कार्य

सोलहवीं शताब्दी की शुरुआत में, प्रोटेस्टेंट मिशनरी सुसमाचार के लिए चीन गए, लेकिन बीसवीं शताब्दी के शुरुआती वर्षों में, कई वर्षों के वफ़ादार श्रम और प्रार्थना के बाद, बॉक्सर विद्रोह में कई ईसाइयों

की शहादत के बाद चीन में प्रभु का कदम नाटकीय रूप से आगे बढ़ने लगा। 1920 के दशक में, कई विश्वासी, जिन्हें पूरे चीन में हाई-स्कूल और कॉलेज के छात्रों में से प्रभु ने उभारा था, सुसमाचार के प्रसार में सहायक बन गए। इन छात्रों में से, नी शू-त्सू (वॉचमैन नी) को प्रभु ने अपने कार्य के लिए बुलाया और सुसज्जित किया।

नी शू-त्सू, जिनका अंग्रेजी नाम हेनरी नी था, का जन्म 1903 में चीन के फूचो में दूसरी पीढ़ी के ईसाई माता-पिता के घर हुआ था। उनके दादा ने फूचो में अमेरिकन कांग्रेगेशनल कॉलेज में पढ़ाई की और उत्तरी फुकियन प्रांत में कांग्रेगेशनलिस्टों के बीच पहले चीनी पादरी बने। नी शू-त्सू को उनके जन्म से पहले ही भगवान को समर्पित कर दिया गया था। एक बेटे की चाहत में, उनकी माँ ने भगवान से प्रार्थना की थी, "अगर मेरा बेटा हुआ, तो मैं उसे आपके सामने पेश करूँगी।" भगवान ने एक बेटे के जन्म के साथ उनकी प्रार्थना का जवाब दिया। बाद में उनके पिता ने उन्हें यह बात समझाते हुए कहा, "तुम्हारे जन्म से पहले, तुम्हारी माँ ने तुम्हें भगवान के सामने पेश करने का वादा किया था।"
“जिस शाम को मेरा उद्धार हुआ, उसी दिन से मैंने एक नया जीवन जीना शुरू कर दिया, क्योंकि अनन्त परमेश्वर का जीवन मुझ में प्रवेश कर गया था।”
नी शू-त्सू असाधारण रूप से बुद्धिमान थे। प्राथमिक विद्यालय में प्रवेश से लेकर फूचो में एंग्लिकन ट्रिनिटी कॉलेज से स्नातक होने तक, उन्होंने अपनी कक्षा के साथ-साथ अपने स्कूल में भी प्रथम स्थान प्राप्त किया। अपने भविष्य के लिए कई भव्य सपनों और योजनाओं के साथ, वे दुनिया में एक महान सफलता प्राप्त कर

सकते थे। 1920 में सत्रह वर्ष की आयु में और काफी संघर्ष के बाद, हाई स्कूल में रहते हुए नी शू-त्सू को गतिशील रूप से बचाया गया। अपने उद्धार के क्षण में, उनके भविष्य की योजनाएँ पूरी तरह से त्याग दी गईं। उन्होंने गवाही दी, "जिस शाम को मैं बचा था, मैंने एक नया जीवन जीना शुरू कर दिया, क्योंकि शाश्वत ईश्वर का जीवन मेरे अंदर प्रवेश कर गया था।" बाद में, जब उन्हें प्रभु ने अपना आदेश पूरा करने के लिए बुलाया, तो उन्होंने अंग्रेजी नाम *वॉचमैन* और चीनी नाम *टो-शेंग अपनाया,* जिसका अर्थ है "एक चौकीदार की खड़खड़ाहट की आवाज़ ", क्योंकि वह खुद को एक चौकीदार मानते थे जिसे अंधेरी रात में चेतावनी देने के लिए खड़ा किया गया था।

सुसज्जित करना और प्रशिक्षण देना

वॉचमैन नी ने धर्मशास्त्रीय स्कूलों या बाइबल संस्थानों में भाग नहीं लिया। परमेश्वर के उद्देश्य, मसीह, आत्मा और चर्च के बारे में उनके ज्ञान का खजाना बाइबल का अध्ययन करने, आध्यात्मिक पुस्तकों को पढ़ने और आध्यात्मिक मामलों का अनुसरण करने के माध्यम से प्राप्त हुआ था। वॉचमैन नी ने वचन के अपने परिश्रमी अध्ययन के माध्यम से रहस्योद्घाटन प्राप्त किया। उनकी कई प्रथाओं को उनकी पुस्तक *हाउ टू स्टडी द बाइबल में शामिल किया गया है* । उन्होंने चर्च के इतिहास में प्रभु के कई सेवकों की आध्यात्मिक पुस्तकें भी पढ़ीं। अपने मंत्रालय के शुरुआती दिनों में, उन्होंने अपनी आय का एक तिहाई अपनी व्यक्तिगत जरूरतों पर, एक तिहाई दूसरों की मदद करने पर और शेष एक तिहाई आध्यात्मिक पुस्तकों पर खर्च किया। उन्होंने तीन हज़ार से अधिक सर्वश्रेष्ठ ईसाई पुस्तकों का संग्रह प्राप्त किया, जिसमें पहली

शताब्दी से लेकर अब तक के लगभग सभी शास्त्रीय ईसाई लेखन शामिल हैं। उनके पास प्रासंगिक सामग्री का चयन करने, समझने, पहचानने और याद रखने की अद्भुत क्षमता थी, और वे किसी पुस्तक के मुख्य बिंदुओं को जल्दी से समझ और याद रख सकते थे। इस प्रकार, वे इन पुस्तकों से महत्वपूर्ण शास्त्रीय सत्य और आध्यात्मिक सिद्धांतों को प्राप्त करने में सक्षम थे जिन्हें प्रभु ने चर्च के इतिहास में जाना है और उन्हें अपने ईसाई जीवन और चर्च जीवन के अनुभव में भी शामिल किया है। वॉचमैन नी को निम्नलिखित ईसाई लेखकों से निम्नलिखित मुद्दों से संबंधित बहुत ज्ञान और सहायता मिली
सच का:

विशिष्ट ज्ञान स्रोत

1. उद्धार का आश्वासन जॉर्ज कटिंग, एक ब्रेथ्रेन लेखक

2. द डिवाइन लाइफ जॉन बन्यन की पिलग्रिम्स प्रोग्रेस, मैडम गयोन, हडसन टेलर

3. क्राइस्ट जेजी बेलेट, चार्ल्स जी. ट्रंबल, एबी सिम्पसन, टी. ऑस्टिन स्पार्क्स

4. द स्पिरिट एंड्रयू मुरे की द स्पिरिट ऑफ क्राइस्ट

5. मनुष्य की त्रिपक्षीय प्रकृति जेसी पेन-लुईस, मैरी ई. मैकडोनो

6. फेथ जॉर्ज म्यूलर

7. मसीह में बने रहना एंड्रयू मुरे, हडसन टेलर

8. मसीह की मृत्यु का व्यक्तिपरक पहलू जेसी पेन-लुईस

9. मसीह का पुनरुत्थान और उनका शरीर टी. ऑस्टिन स्पार्क्स और अन्य

10. ईश्वर की मुक्ति की योजना मैरी ई. मैकडोनॉघ

11. चर्च जॉन नेल्सन डार्बी और अन्य ब्रेथ्रेन शिक्षक

12. भविष्यवाणी रॉबर्ट गोवेट, डीएम पैंटन, जीएच पेम्बर

13. चर्च का इतिहास जॉन फॉक्स, ईएच ब्रॉडबेंट

14. बाइबल व्याख्या और अन्य सत्य जॉन नेल्सन डार्बी और ब्रदरन

अपने ईसाई जीवन के आरंभ में, उन्होंने चीन में एक एंग्लिकन मिशनरी मार्गरेट ई. बार्बर से भी बहुत आध्यात्मिक शिक्षा और पूर्णता प्राप्त की। मुख्य रूप से उसके साथ अपनी संगति के माध्यम से, वॉचमैन नी ने महसूस किया कि एक ईसाई होना पूरी तरह से मसीह में ईश्वर के दिव्य जीवन को जानने और अनुभव करने का मामला है। उसकी चरवाही के माध्यम से, उसने अपने भीतर दिव्य जीवन के संचालन पर अधिक ध्यान देना सीखा, न कि केवल बाहरी कार्य पर (फिलिप्पियों 2:13)।

रहस्योद्‌घाटन और जीवन

वॉचमैन नी को वचन से बहुत सारे रहस्योद्‌घाटन मिले; उन्होंने वास्तव में दिव्य रहस्योद्‌घाटन की सामग्री को देखा। उन्हें जो रहस्योद्‌घाटन मिला, उसका मूल चर्च जीवन के लिए क्रूस पर चढ़ाए गए जीवन और पुनर्जीवित जीवन को जीना था। मसीह की मृत्यु और पुनरुत्थान का विश्वासियों का अनुभव एक सामान्य ईसाई जीवन का आधार और कसौटी है, और एक सामान्य ईसाई जीवन जीने का मुद्‌दा मसीह के शरीर के रूप में चर्च है, जिसकी सार्वभौमिक और स्थानीय दोनों अभिव्यक्तियाँ हैं। वॉचमैन नी ने महसूस किया कि हम, विश्वासियों के रूप में, मसीह के साथ क्रूस पर चढ़ाए गए हैं और सामान्य ईसाई अनुभव में हमारे व्यावहारिक

मानवीय परिस्थितियों में क्रूस को उठाने के हमारे अनुभव के माध्यम से मसीह का हमारे अंदर रहना शामिल है (गलातियों 2:20)। वॉचमैन नी को इस सत्य का एहसास कराने वाले कई अनुभव उनकी पुस्तक *द ब्रेकिंग ऑफ़ द आउटर मैन एंड द रिलीज़ ऑफ़ द स्पिरिट में प्रस्तुत किए गए हैं*।

वॉचमैन नी की सेवकाई की शुरुआत से ही, प्रभु ने उनके लिए परिस्थितियों को इस तरह व्यवस्थित किया कि वे मसीह के पुनरुत्थान जीवन का अनुभव करने के लिए अपने प्राण-जीवन और अपने स्वाभाविक जीवन को नकार सकें। वॉचमैन नी ने देखा कि हम, विश्वासियों के रूप में, न केवल मसीह के साथ मरे थे, बल्कि उनके साथ जी भी उठे थे (रोमियों 6:4-5, 8)। मसीह के पुनरुत्थान जीवन के अपने अनुभव के माध्यम से, वॉचमैन नी क्रूस को उठाने और उनकी मृत्यु के अनुरूप होते हुए, उनके दुखों की संगति में भाग लेने में सक्षम थे (फिलिप्पियों 3:10)। मसीह के पुनरुत्थान जीवन में, उन्हें दुनिया को त्यागने, अपने भविष्य को त्यागने और पाप से मुक्त होने और शैतान पर विजय पाने के लिए खुद को नकारने की शक्ति दी गई थी। मसीह के पुनरुत्थान जीवन में, उन्होंने प्रभु की सेवा भी की, उनके लिए काम किया और उनके आदेश को पूरा किया। वॉचमैन नी के समकालीनों ने इस तथ्य की गवाही दी कि उन्होंने प्रभु की सेवा में अपनी स्वाभाविक शक्ति को लगातार अस्वीकार किया। उन्हें प्रभु के कार्य में अपने स्वाभाविक जीवन के हस्तक्षेप का डर था। संदेश देने, लोगों से संपर्क करने, लेख लिखने, विश्वासियों से पत्र-व्यवहार करने और यहाँ तक कि छोटी-छोटी बातों का ध्यान रखने में भी, उन्होंने मसीह के पुनरुत्थान वाले

जीवन के अनुसार जीने का प्रयास किया। अपने संविधान जैसे जीवन जीने के कारण, वह अपने लंबे कारावास और अंततः शहादत से बच पाए।

वॉचमैन नी ने यह भी देखा कि मसीह के शरीर के रूप में चर्च केवल पुनर्जीवित मसीह का विस्तार, विस्तार और अभिव्यक्ति है। पुनरुत्थान में मसीह के शरीर के रूप में चर्च के बारे में उनका दृष्टिकोण बहुत उन्नत था। क्रूस पर चढ़ाए गए और पुनर्जीवित मसीह के बारे में उनका मंत्रालय अनुग्रह का एक प्रबंधन था जिसने पुनर्जीवित मसीह को उनके शरीर के निर्माण के लिए विश्वासियों में सेवा प्रदान की। उन्होंने शरीर के दोनों सार्वभौमिक पहलू देखे, जिसका विवरण *द ग्लोरियस चर्च पुस्तक में दिया गया है, और शरीर की स्थानीय अभिव्यक्ति, जिसे द असेंबली लाइफ , द नॉर्मल क्रिश्चियन चर्च लाइफ* और *चर्च लाइफ पर आगे की बातचीत* पुस्तकों में प्रस्तुत किया गया है ।

THE
GLORIOUS
CHURCH
God's View
Concerning
the Church
WATCHMAN NEE

The
ASSEMBLY
LIFE
WATCHMAN NEE

NORMAL
CHRISTIAN
CHURCH LIFE
WATCHMAN NEE

CHURCH LIFE
WATCHMAN NEE

बोझ और कमीशन

वॉचमैन नी ने जो दिव्य रहस्योद्घाटन देखा, उसके परिणामस्वरूप प्रभु की ओर से उन्हें दोहरा बोझ और आदेश मिला: पहला, प्रभु यीशु की गवाही देना और दूसरा, स्थानीय चर्चों की स्थापना करना। पहला बोझ और आदेश मसीह की सर्वव्यापी मृत्यु और पुनरुत्थान के बारे में उनके व्यक्तिगत ज्ञान और अनुभव की गहराई से उत्पन्न हुआ। प्रभु ने विशेष रूप से उन्हें इस सत्य की गवाही देने के लिए बोझ और आदेश दिया। उन्होंने प्रभु के क्रूस पर चढ़ने और पुनरुत्थान के व्यक्तिपरक पहलू, दिव्य जीवन के सिद्धांतों, मसीह की सर्वोच्चता और ईश्वर के शाश्वत उद्देश्य पर कई मौखिक और लिखित संदेश जारी करके इस बोझ का ईमानदारी से जवाब दिया। ये संदेश *द ओवरकमिंग लाइफ* , *गॉड्स ओवरकमर्स* , *द स्पिरिचुअल मैन* और *गॉड्स इटरनल प्लान* जैसी पुस्तकों में *समाहित हैं*।

THE
OVERCOMING
LIFE
THE BASIS FOR
THE NORMAL
CHRISTIAN LIFE
WATCHMAN NEE

GOD'S
OVERCOMERS
WATCHMAN NEE

VOLUME ONE
The
SPIRITUAL
MAN
WATCHMAN NEE

GOD'S
ETERNAL
PLAN
WATCHMAN NEE

हालाँकि, वॉचमैन नी का अंतिम आदेश सिर्फ़ मसीह के बारे में व्यक्तिगत विश्वासियों के अनुभव को ऊपर उठाना नहीं था, बल्कि नए नियम में प्रकट किए गए ईश्वर-निर्धारित पैटर्न के अनुसार स्थानीय कलीसियाओं में मसीह की एक व्यावहारिक सामूहिक अभिव्यक्ति का निर्माण करना था (प्रेरितों 11:22; रोमियों 16:1; 1 कुरिं 1:2; प्रकाशितवाक्य 2:1, 8, 12, 18; 3:1, 7, 14)। यह वह अंतिम आदेश था जो उसने प्रभु से प्राप्त किया था, जो उसने उसके बारे में जो देखा और अनुभव किया था, उसके आधार पर था। 20 अक्टूबर, 1936 को दर्ज की गई उनकी व्यक्तिगत गवाही इस आदेश का वर्णन करती है:

प्रभु ने जो कुछ मुझे बताया वह बहुत स्पष्ट था: बहुत जल्द ही वह चीन के विभिन्न भागों में स्थानीय कलीसियाओं का निर्माण करेगा। जब भी मैं अपनी आँखें बंद करता, स्थानीय कलीसियाओं के जन्म का दृश्य दिखाई देता...

जब प्रभु ने मुझे अपनी सेवा करने के लिए बुलाया, तो मेरा मुख्य उद्देश्य यह नहीं था कि मैं लोगों को अधिक धर्मशास्त्रीय सिद्धांत सुनाने के लिए पुनरुद्धार सभाएँ आयोजित करूँ, न ही मैं एक महान प्रचारक बनूँ। प्रभु ने मुझे बताया कि वह खुद को प्रकट करने के लिए अन्य इलाकों में स्थानीय चर्चों का निर्माण करना चाहता था, स्थानीय आधार पर एकता की गवाही देना चाहता था ताकि प्रत्येक संत चर्च में अपना कर्तव्य निभा सके और चर्च का जीवन जी सके। परमेश्वर केवल विजय या आध्यात्मिकता की व्यक्तिगत खोज नहीं चाहता, बल्कि एक सामूहिक, गौरवशाली चर्च चाहता है जो उसके सामने प्रस्तुत हो।

कष्टों

वॉचमैन नी ने एक निर्विवाद दर्शन देखा और चर्च के बारे में प्रभु से एक निश्चित आदेश प्राप्त किया, और अपनी वफ़ादारी के कारण उसे बहुत पीड़ा हुई, जिसमें अस्वीकृति, विरोध और निंदा शामिल थी। फिर भी, वह प्रभु का अनुसरण करने के लिए कीमत चुकाने के लिए तैयार था, यहाँ तक कि अपने जीवन की कीमत तक चुकाने के लिए। उसके गहन रहस्योद्‌घाटन ने उसके कष्टों के साथ मिलकर जीवन की एक समृद्‌ध सेवकाई को जन्म दिया।

वॉचमैन नी ने नए नियम की सेवकाई के लिए बहुत कष्ट सहे। प्रभु का अनुसरण करने में उनकी पूर्णता और प्रभु के आदेश को पूरा करने में उनकी वफ़ादारी के कारण, उन्हें बार-बार दुर्व्यवहार के साथ-साथ आजीवन कठिनाइयों का सामना करना पड़ा। जब उन्होंने प्रभु के कदम के लिए लड़ाई लड़ी, तो वे लगातार परमेश्वर के दुश्मन शैतान के हमले के अधीन थे। साथ ही, वे परमेश्वर के संप्रभु हाथ के अधीन भी थे। उन्होंने अपने परिवेश में परमेश्वर की संप्रभु व्यवस्था को न केवल एक दिव्य रूप से नियुक्त "शरीर में काँटा" के रूप में पहचाना, बल्कि, इससे भी महत्वपूर्ण बात यह है कि एक ऐसा साधन जिसके द्‌वारा परमेश्वर उनसे निपटने में सक्षम था। शैतान के हमलों और परमेश्वर के वफ़ादार पर्यावरणीय व्यवहार दोनों के कारण, वॉचमैन नी ने कष्टों का जीवन जिया। उनके अधिकांश कष्ट पाँच स्रोतों से आए: गरीबी, खराब स्वास्थ्य, संप्रदायों का विरोध, स्थानीय कलीसियाओं में असहमत भाई-बहन और कारावास।

वॉचमैन नी की सेवकाई के शुरुआती वर्षों में, चीन में आर्थिक स्थिति निराशाजनक थी। फिर भी, वह न केवल अपने जीवन के लिए बल्कि प्रभु के कार्य के हर पहलू के लिए भी, परमेश्वर पर पूरी तरह से और अकेले ही विश्वास करके जीया। इसलिए, उसने किसी भी व्यक्ति या संगठन से नौकरी लेने से दृढ़ता से इनकार कर दिया। शंघाई में अपनी सेवकाई के शुरुआती दिनों में, ऐसे समय भी आए जब उसके पास दिन भर खाने के लिए केवल थोड़ी सी रोटी होती थी।

वॉचमैन नी अक्सर गंभीर बीमारियों से भी पीड़ित रहते थे। 1922 से शुरू होने वाले अपने मंत्रालय के पहले ग्यारह वर्षों में, उन्होंने अकेले ही कष्ट झेले, उनकी कोई पत्नी नहीं थी जो उनका साथ दे सके। इस दौरान वे कई वर्षों तक तपेदिक से पीड़ित रहे। हालाँकि, 1934 में तीस वर्ष की आयु में, वॉचमैन नी ने एक सच्ची "सहायक महिला" चैरिटी चांग से विवाह किया। बाद के वर्षों में उन्हें पेट की पुरानी बीमारी के साथ-साथ एनजाइना पेक्टोरिस, एक गंभीर हृदय रोग भी हुआ। वे हृदय रोग से कभी ठीक नहीं हुए; इस प्रकार, उनका मंत्रालय पुनरुत्थान जीवन द्वारा बनाए रखा गया था, न कि उनकी शारीरिक शक्ति द्वारा।

मसीह के शरीर की एकता के लिए उनका दृढ़ रुख संप्रदायिक प्रथाओं द्वारा बनाए गए विभाजनों के खिलाफ एक गवाही थी। नतीजतन, उनकी अक्सर आलोचना की जाती थी और उनका विरोध किया जाता था। वह अक्सर झूठी अफवाहों का विषय थे, और उनके मंत्रालय की गलत व्याख्या इतनी मजबूत थी कि उन्होंने

एक बार उनका जवाब देते हुए कहा, "उनके द्वारा चित्रित वॉचमैन नी की भी मैं निंदा करता हूँ।"
स्थानीय चर्चों के साथ मिलने वाले कई भाई-बहन अपने मतभेद, अपरिपक्वता और महत्वाकांक्षा के कारण वॉचमैन नी के लिए पीड़ा का एक और स्रोत बन गए। 1922 में वॉचमैन नी के गृहनगर में चर्च जीवन का अभ्यास शुरू होने के दो साल बाद, उन्हें उनके कुछ सहकर्मियों द्वारा अस्थायी रूप से "बहिष्कृत" भी कर दिया गया था क्योंकि उन्होंने एक संप्रदाय के मिशनरी द्वारा कुछ प्रमुख सहकर्मियों के समन्वय का विरोध किया था। हालाँकि उनके साथ मिलने वाले अधिकांश विश्वासियों ने वॉचमैन नी का पक्ष लिया, लेकिन प्रभु ने उन्हें खुद को सही साबित करने के लिए कुछ भी करने की अनुमति नहीं दी। यह उनके स्वाभाविक व्यक्तित्व के लिए एक गहरी पीड़ा थी।

चीन पर कब्ज़ा करने के बाद, वॉचमैन नी को मार्च 1952 में सुसमाचार के लिए गिरफ़्तार किया गया। उन्हें झूठे आरोप में दोषी ठहराया गया, उन पर मुकदमा चलाया गया और 1956 में उन्हें पंद्रह साल की सज़ा सुनाई गई। 30 मई, 1972 को कारावास में ही उनकी मृत्यु हो गई।

वॉचमैन नी दुखों और पीड़ाओं से भरा हुआ व्यक्ति था। मेमने का अनुसरण करने के अपने पूरे इतिहास में, उसने बहुत कुछ सहा। हालाँकि, इन कष्टों के माध्यम से, उसने प्रभु पर भरोसा करने के संबंध में कई सबक सीखे; उसके कष्टों ने उसे उसके शरीर, उसके स्वयं, उसकी आत्मा और उसके प्राकृतिक जीवन से निपटने में भी

लाभ पहुँचाया। इन व्यवहारों के प्रति उसकी आज्ञाकारिता के कारण, उसने केवल शिक्षाओं और सिद्धांतों को व्यक्त करने से कहीं अधिक किया; उसके संदेशों में वह वास्तविकता थी जो उसने अपने कष्टों के माध्यम से प्राप्त की थी। अपने कष्टों के माध्यम से उसने जो अनुभव प्राप्त किया, वह उसके मंत्रालय के तहत सभी लोगों के लिए एक अथाह मदद के रूप में काम आया और मसीह के शरीर के लिए एक समृद्ध विरासत भी बन गया, एक विरासत जो एक कीमत चुकाकर प्राप्त की गई, यहाँ तक कि अंतिम कीमत भी। वॉचमैन नी के कष्टों ने उन्हें पवित्रशास्त्र के माध्यम से प्रभु से और अधिक रहस्योद्घाटन प्राप्त करने में भी सक्षम बनाया। वॉचमैन नी को उनके कष्टों के माध्यम से पवित्र आत्मा द्वारा शुद्ध किया गया, निपटाया गया, तोड़ा गया, और दिव्य जीवन के साथ गठित किया गया। अपने कष्टों के भीतर मसीह के ऐसे अनुभवों के माध्यम से, वह, पॉल की तरह, प्रभु के रहस्योद्घाटन को प्राप्त करने के लिए तैयार और स्थिति में था।

मंत्रालय के साधन

वॉचमैन नी की समृद्ध सेवकाई रहस्योद्घाटन और पीड़ा दोनों का मुद्दा थी। उन्होंने सुसमाचार का प्रचार करके, बाइबल की शिक्षा देकर, यात्रा करके, लोगों से संपर्क करके, लोगों के साथ पत्र-व्यवहार करके, सम्मेलन आयोजित करके, प्रशिक्षण आयोजित करके और प्रकाशन तैयार करके इस सेवकाई को अंजाम दिया। वॉचमैन नी न केवल निजी और सार्वजनिक रूप से अक्सर बोलते थे, बल्कि वे एक विपुल लेखक भी थे। उनके प्रकाशनों में सुसमाचार संबंधी ग्रंथ,

पत्रिकाएँ, पत्र-पत्रिकाएँ, समाचार-पत्रिकाएँ, पुस्तकें, भजन-पुस्तिकाएँ और बाइबिल की भविष्यवाणियों का एक चार्ट शामिल था। उनके लेखन बासठ खंडों के एक सेट में समाहित हैं, जिसका शीर्षक *द कलेक्टेड वर्क्स ऑफ़ वॉचमैन नी है* , जो 1922 में उनके पहले प्रकाशन से लेकर 1950 में उनके अंतिम रिकॉर्ड किए गए भाषण तक फैला हुआ है।

अपने सहकर्मियों के साथ संबंध

वॉचमैन नी ने अपने करीबी सहकर्मी विटनेस ली सहित अन्य लोगों के साथ मिलकर प्रभु की सेवा की। विटनेस ली का लालन-पालन दक्षिणी बैपटिस्ट के रूप में हुआ था और 1925 में उन्नीस वर्ष की आयु में उनका उद्धार हुआ था। बाइबल को जानने की अपनी खोज में, विटनेस ली ने वॉचमैन नी के लेखों और प्रकाशनों को बाइबल में निहित सत्य को प्रस्तुत करने में सबसे सटीक माना। जब उन्होंने वॉचमैन नी के साथ पत्र-व्यवहार करना शुरू किया, तो उन्हें यह जानकर आश्चर्य हुआ कि उनसे केवल दो वर्ष बड़ा कोई व्यक्ति इतना परिपक्व ईसाई था। 1932 में विटनेस ली ने वॉचमैन नी को चेफू में आमंत्रित किया, और दोनों का पहला व्यक्तिगत संपर्क हुआ। साथ बिताए समय के दौरान, वॉचमैन नी ने बाइबल के मात्र ज्ञान के बजाय दिव्य जीवन के अनुभव पर जोर दिया, जिससे विटनेस ली की प्रभु के साथ संगति गहरी हुई और अधिक घनिष्ठ हुई। उसी वर्ष विटनेस ली के घर में विश्वासियों की बैठक होने लगी, और अगले वर्ष तक यह बैठक फल-फूल रही थी। चर्च की ज़रूरतों के कारण, दोनों पुरुषों का मानना था कि प्रभु चाहते थे कि विटनेस

ली उनकी पूर्णकालिक सेवा करें, और जब वॉचमैन नी ने उनसे प्रभु की पूर्णकालिक सेवा करने का आग्रह किया, तो विटनेस ली ने उनके वचन को प्रभु की अगुआई की पुष्टि के रूप में माना और वॉचमैन नी के साथ उनकी पूर्णता और संगति के तहत सेवा करना शुरू कर दिया। वॉचमैन नी ने विटनेस ली को पूर्णता प्रदान की और परखा, और उन्हें और अधिक ज़िम्मेदारी उठाने के लिए तैयार किया। यह महसूस करते हुए कि चीन में प्रभु का कार्य, जो वॉचमैन नी के माध्यम से शंघाई में शुरू हुआ, एक होना चाहिए, विटनेस ली ने उत्तरी चीन में अपना काम छोड़ दिया और वॉचमैन नी के साथ और अधिक निकटता से काम करने के लिए 1934 में शंघाई चले गए। उन्होंने मेहनत की, कष्ट सहे, काम को फैलाया, रहस्योद्घाटन प्राप्त किया और साथ मिलकर जागृति लाई। भाई ली ने 1934 से 1940 तक वॉचमैन नी के प्रकाशन *द क्रिश्चियन का संपादन किया* , वॉचमैन नी द्वारा स्थापित शंघाई गॉस्पेल बुकरूम में सेवा की और वॉचमैन नी की शादी में उनके सबसे अच्छे आदमी थे।

1949 में राष्ट्रवादी सरकार के पतन के बाद चीन में प्रभु के कदम के भाग्य के बारे में अनिश्चित, वॉचमैन नी ने 1949 में विटनेस ली और कुछ अन्य लोगों को वहां काम जारी रखने के लिए ताइवान भेजा। वॉचमैन नी और विटनेस ली के बीच आखिरी संपर्क मार्च 1950 में हांगकांग में हुआ था, विटनेस ली को वॉचमैन नी के बारे में पहली बार जानने के पच्चीस साल बाद। उस समय, उन दोनों ने वॉचमैन नी की मुख्य भूमि पर वापसी के बारे में व्यापक संगति की थी। उन्होंने विटनेस ली से कहा, "हम मुख्य भूमि पर इतने सारे चर्चों के

साथ क्या करेंगे? मुझे उनकी देखभाल करने और प्रभु की गवाही के लिए उनके साथ खड़े होने के लिए वापस लौटना होगा।"

शहादत

वॉचमैन नी को प्रभु ने मुख्य भूमि चीन में रहने और वहाँ प्रभु के कार्य के लिए अपना जीवन बलिदान करने के लिए प्रेरित किया। इस संबंध में, वह प्रेरित पौलुस की तरह था, जिसने प्रेरितों के काम 20:24 में कहा,

"मैं अपने जीवन को अपने लिए अनमोल समझता हूँ, ताकि मैं अपनी दौड़ और उस सेवा को पूरा कर सकूँ जो मुझे प्रभु यीशु से मिली है।" वॉचमैन नी के निर्णय के बारे में, भाई ह्सू जिन-चिन ने निम्नलिखित गवाही दी:

भाई नी के हांगकांग छोड़ने से पहले, भाई ली ने उन्हें कई बार मुख्य भूमि पर वापस न लौटने की सलाह दी। लेकिन भाई नी ने कहा, ***"अगर एक माँ को पता चले कि उसके घर में आग लग गई है, और वह खुद घर के बाहर कपड़े धो रही है, तो वह क्या करेगी? हालाँकि उसे खतरे का एहसास था, क्या वह घर के अंदर नहीं भागेगी? हालाँकि मुझे पता है कि मेरा वापस लौटना खतरों से भरा है, मैं जानता हूँ कि कई भाई-बहन अभी भी अंदर हैं। मैं कैसे वापस नहीं लौट सकता?"***

वॉचमैन नी को मार्च 1952 में मसीह में उनके कथित विश्वास के साथ-साथ स्थानीय चर्चों में उनके नेतृत्व के कारण गिरफ्तार किया गया था। उन्हें झूठे तरीके से दोषी ठहराया गया, न्याय किया गया और 1956 में पंद्रह साल की कैद की सजा सुनाई गई। इस दौरान, केवल उनकी पत्नी को उनसे मिलने की अनुमति थी। हालाँकि हमारे पास यह जानने का कोई तरीका नहीं है कि उन्होंने अपने लंबे कारावास के दौरान प्रभु के बारे में क्या अनुभव किया, उनके अंतिम आठ पत्र उनके कारावास के दौरान उनके दुख, भावना और अपेक्षा की एक झलक प्रदान करते हैं। हालाँकि जेल सेंसर ने उन्हें अपने पत्रों में प्रभु का नाम लेने की अनुमति नहीं दी, लेकिन अपनी मृत्यु के दिन लिखे अपने अंतिम पत्र में, उन्होंने प्रभु में अपने आनंद का संकेत दिया: "अपनी बीमारी में, मैं अभी भी दिल से खुश हूँ।" वॉचमैन नी प्रेरित पौलुस के वचन का अभ्यास कर रहे थे, जिन्होंने फिलिप्पियों 4:4 में कहा, "प्रभु में हमेशा आनन्दित रहो।" 30 मई, 1972 को कारावास में उनकी मृत्यु हो गई। मानवीय रूप से कहें तो, वे दुख और अपमान में मर गए। प्रभु में एक भी रिश्तेदार या भाई या बहन उनके साथ नहीं था। उनकी मृत्यु की कोई उचित सूचना नहीं दी गई और न ही उनका अंतिम संस्कार किया गया। 1 जून, 1972 को उनका अंतिम संस्कार किया गया। चूँकि उनकी पत्नी की मृत्यु छह महीने पहले हो गई थी, इसलिए उनकी सबसे बड़ी बहन को उनकी मृत्यु और दाह संस्कार के बारे में सूचित किया गया। उसने उनकी राख को वापस ले लिया, जिसे चेकियांग प्रांत के हैनिंग काउंटी में उनके गृहनगर क्वांचो में उनकी पत्नी की राख के साथ दफनाया गया। मई 1989 में वॉचमैन नी और उनकी पत्नी की राख

को किआंगसू प्रांत के सूचो शहर के शियांगशान में "द क्रिश्चियन कब्रिस्तान" में स्थानांतरित कर दिया गया और दफनाया गया। निम्नलिखित विवरण वॉचमैन नी की भतीजी का है, जो श्रीमती नी की बहन के साथ उनकी अस्थियां लेने लेबर फार्म गई थी:

जून 1972 में, हमें लेबर फ़ार्म से एक सूचना मिली कि मेरे दादाजी का निधन हो गया है। मेरी सबसे बड़ी दादी और मैं लेबर फ़ार्म की ओर दौड़े। लेकिन जब हम वहाँ पहुँचे, तो हमें पता चला कि उनका अंतिम संस्कार पहले ही हो चुका था। हम सिर्फ़ उनकी राख ही देख पाए...अपने जाने से पहले, उन्होंने अपने तकिए के नीचे एक कागज़ का टुकड़ा छोड़ा, जिस पर काँपते हाथ से कई पंक्तियाँ लिखी हुई थीं। वह उस सत्य की गवाही देना चाहते थे जो उनके पास मृत्यु तक, उनके आजीवन अनुभव के साथ था। वह सत्य है—"मसीह ईश्वर का पुत्र है जो पापियों के उद्धार के लिए मरा और तीन दिन बाद पुनर्जीवित हुआ। यह ब्रह्मांड का सबसे बड़ा सत्य है। मैं मसीह में अपने विश्वास के कारण मर रहा हूँ। वॉचमैन नी।" जब लेबर फ़ार्म के अधिकारी ने हमें यह कागज़ दिखाया, तो मैंने प्रार्थना की कि प्रभु मुझे इसे जल्दी से जल्दी याद करने दें...

मेरे दादाजी का निधन हो गया था। वे मृत्यु तक वफादार रहे। खून से सने मुकुट के साथ, वे प्रभु के पास चले गए। हालाँकि भगवान ने उनकी आखिरी इच्छा पूरी नहीं की, कि वे अपनी पत्नी से मिलने के लिए जीवित बाहर आएँ, लेकिन भगवान ने इससे भी बेहतर कुछ तैयार किया - वे प्रभु के सामने फिर से मिल गए।

वॉचमैन नी के कारावास के दौरान उसे बंदी बना लिया गया था, लेकिन उसकी सेवकाई पर कोई प्रतिबंध नहीं था (2 तीमु. 2:9)। प्रभु की संप्रभुता के अधीन, उसकी सेवकाई सभी चाहने वाले मसीहियों के लिए जीवन की एक समृद्ध आपूर्ति के रूप में पूरे संसार में फैल गई है।

उनका अंतिम दायित्व चर्च को परमेश्वर के घर, परमेश्वर के निवास के रूप में फैलाना और बनाना था। हालाँकि उनका अपना सांसारिक निवास (भौतिक शरीर) हटा दिया गया है, लेकिन उनकी सेवकाई के माध्यम से प्राप्त परमेश्वर की इमारत बनी हुई है और अभी भी पूरी पृथ्वी पर बढ़ रही है और फैल रही है। 1952 में जब वॉचमैन नी को गिरफ्तार किया गया, तब तक चीन में लगभग चार सौ स्थानीय चर्च स्थापित हो चुके थे। इसके अलावा, फिलीपींस, सिंगापुर, मलेशिया, थाईलैंड और इंडोनेशिया में तीस से अधिक स्थानीय चर्च स्थापित किए गए थे। आज वॉचमैन नी की समृद्ध और वफादार सेवकाई की वजह से दुनिया भर में तेईस सौ से अधिक स्थानीय चर्च हैं।

लेखक के बारे में – राजदूत मंडे ओ. ओगबे

मसीह के राजदूत, सोमवार ओगवुओजो ओगबे मसीह के एक बाज़ार राजदूत हैं, जिनका हृदय मसीह के शरीर में एकता के लिए है। शनिवार, 22 अप्रैल 2006 को सुबह 5 बजे प्रभु यीशु मसीह के साथ उनकी आमने-सामने की मुलाकात ने उनके जीवन की दिशा को हमेशा के लिए बदल दिया।

एक आईसीटी विशेषज्ञ के रूप में, वह अपने कौशल का उपयोग ऑनलाइन साधकों तक पहुंचने और विश्वासियों के समूह को अपने

मंत्रालय की साइट otakada.org के माध्यम से मंत्रालय के काम के लिए तैयार करने के लिए करते हैं - गॉड्स ईगल मिनिस्ट्रीज में एक मंत्री, दीवारों, सीमाओं और संप्रदाय के बिना एक चर्च जहां हम राष्ट्रों को ईश्वर के वचन के साथ बीज दे रहे हैं और ईश्वर 2 मिलियन से अधिक ईसाई केंद्रित सामग्री के माध्यम से जीवन को बदल रहा है, जो अब दुनिया भर के साधकों और ईसाइयों दोनों के दर्शकों के लिए होस्ट और वितरित किया जाता है।

ओटाकाडा.ओआरजी की सामग्री मासिक आधार पर आधे मिलियन से अधिक ऑनलाइन दर्शकों तक पहुंचती है और बढ़ती जा रही है!

राजदूत सोमवार को "शैतान की कैद से बहुत हो गया और मसीह में मुक्ति के लिए स्वागत है, उपचार, मुक्ति और पुनर्स्थापना से लैस श्रृंखला की मेजबानी की जाती है, जहाँ वह संतों को अपने और अपने घेरे के भीतर और बाहर दूसरों के उपचार, मुक्ति और पुनर्स्थापना की सेवा करने के लिए सिखाता है और सुसज्जित करता है - उपचार बच्चों की रोटी है और अविश्वासियों के लिए हमारे बुलावे की आशा के लिए भगवान के समर्थन को प्रमाणित करने का संकेत है। हमने भगवान की महिमा के लिए उल्लेखनीय उपचार, मुक्ति और बहाली देखी है!

500 से अधिक शीर्षक लिखे हैं जिन्हें इस लिंक के माध्यम से देखा जा सकता है:

https://www.amazon.com/s?k=ambassador+Monday+O.+Ogbe&crid=14HIGJ88O42XW&sprefix=ambassador+monday+o.+ogb%2Caps%2C359&ref=nb_sb_noss

वॉचमैन नी का 1957 का विश्व ऐतिहासिक संदर्भ

संसार और संसार से हमारे सम्बन्ध के बारे में 25 पवित्र शास्त्र

सिट, वॉक एंड स्टैंड के लेखन के समय के लेखक के मन को समझने के लिए, ऐतिहासिक संदर्भ को देखना अनिवार्य है जो लेखक के विश्वदृष्टिकोण को आकार देता है, इस मामले में वॉचमैन नी और उनके समय के पाठक समान रूप से। वॉचमैन नी 1902 से 1972 के बीच रहे। बाइबल बताती है कि हम दुनिया में हैं लेकिन हम दुनिया के नहीं हैं।

संसार के साथ हमारे सम्बन्ध और संसार के प्रति हमारे दृष्टिकोण के सम्बन्ध में, जब हम पढ़ते, बैठते, चलते और खड़े होते हैं, तो यीशु के निम्नलिखित शब्दों का अन्वेषण करना शिक्षाप्रद है:

"मैंने उन्हें तेरा वचन पहुँचा दिया है, और संसार ने उनसे बैर किया, क्योंकि जैसा मैं संसार का नहीं, वैसे ही वे भी संसार के नहीं हैं। "मैं यह प्रार्थना नहीं करता कि तू उन्हें संसार से उठा ले, परन्तु यह कि तू उन्हें उस बुराई से बचाए रख।" (यूहन्ना 17:11, 14–15.)

मत्ती 10:15-17
एम्प्लीफाइड बाइबल, क्लासिक संस्करण
[15] मैं तुम से सच कहता हूं, कि न्याय के दिन उस नगर की दशा से सदोम और अमोरा के देश की दशा अधिक सहने योग्य होगी।

16 ***देखो, मैं तुम्हें भेड़ों के समान भेड़ियों के बीच में भेज रहा हूँ; [1] साँपों की तरह सावधान और बुद्धिमान बनो और कबूतरों की तरह भोले बनो।***
17 ***लोगों से सावधान रहो क्योंकि वे तुम्हें महासभाओं में सौंपेंगे, और अपनी सभाओं में तुम्हें कोड़े मारेंगे।***

जैसा कि वॉचमैन नी के बैठने, चलने और खड़े होने के लेखन से संबंधित है, परमेश्वर और संसार के साथ हमारे संबंध में और शैतान , यह वह समय है जब चीन दूसरे विश्व युद्ध से बाहर निकला था और जापान ने देश के एक हिस्से पर कब्जा कर लिया था।

नीचे 25 शास्त्र दिए गए हैं जो संपूर्ण बाइबल से दुनिया से संबंधित हैं और जो इसके बारे में हमारी सोच को और निश्चित रूप से लेखक के मन को आकार देना चाहिए

25 बाइबल वचन जो इस संसार के नहीं हैं (ESV)

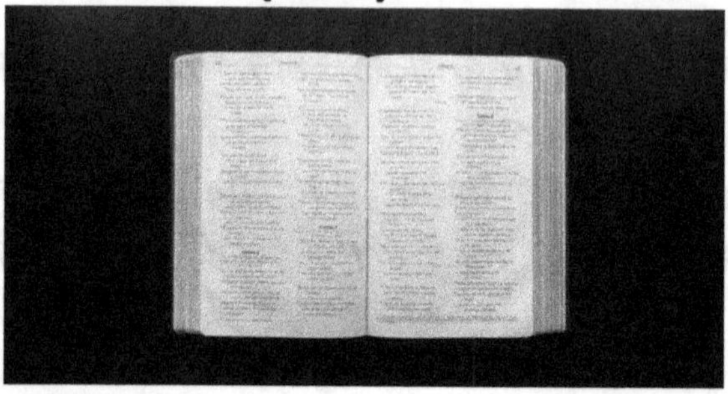

यह नॉट ऑफ दिस वर्ल्ड (ESV) के बारे में सबसे प्रासंगिक बाइबल छंदों की एक हाथ से तैयार की गई और क्रमबद्ध सूची है।

यूहन्ना 15:19
19 यदि तुम संसार के होते, तो संसार तुम्हें अपना जानकर प्रेम रखता; परन्तु इस कारण कि तुम संसार के नहीं हो, वरन मैं ने तुम्हें संसार में से चुन लिया है, इसी लिये संसार तुम से बैर रखता है।

रोमियों 12:2
2 इस संसार के सदृश न बनो; परन्तु तुम्हारी बुद्धि के नये हो जाने से तुम्हारा चाल-चलन भी बदलता जाए, जिस से तुम परमेश्वर की भली, और भावती, और सिद्ध इच्छा मालूम करके मालूम करते रहो।

यूहन्ना 18:36

36 यीशु ने उत्तर दिया, "मेरा राज्य इस संसार का नहीं है। यदि मेरा राज्य इस संसार का होता, तो मेरे सेवक लड़ते कि मैं यहूदियों के हाथ सौंपा न जाता। परन्तु मेरा राज्य संसार का नहीं है।"

1 यूहन्ना 2:15
15 तुम न तो संसार से और न ही संसार की वस्तुओं से प्रेम रखो: यदि कोई संसार से प्रेम रखता है, तो उसमें पिता का प्रेम नहीं है।

यूहन्ना 17:14
14 मैं ने तेरा वचन उन्हें पहुंचा दिया है, और संसार ने उन से बैर किया, क्योंकि जैसा मैं संसार का नहीं, वैसे ही वे भी संसार के नहीं।

कुलुस्सियों 3:2
2 अपना मन स्वर्गीय वस्तुओं पर लगाओ, न कि पृथ्वी पर की वस्तुओं पर।

यूहन्ना 17:16
16 जैसे मैं संसार का नहीं, वैसे ही वे भी संसार के नहीं।

1 यूहन्ना 2:15-17
15 तुम न तो संसार से और न संसार की वस्तुओं से प्रेम रखो: यदि
कोई संसार से प्रेम रखता है, तो उसमें पिता का प्रेम नहीं है। 16
क्योंकि जो कुछ संसार में है, अर्थात् शरीर की अभिलाषाएँ, और आँखों की अभिलाषाएँ और जीविका का घमण्ड, वह पिता की ओर
से नहीं, परन्तु संसार ही की ओर से है। 17 और संसार अपनी
अभिलाषाओं समेत मिटता जाता है, पर जो परमेश्वर की इच्छा पर चलता है, वह सर्वदा बना रहेगा।

याकूब 4:4

4 हे व्यभिचारिणियो, क्या तुम नहीं जानते कि संसार से मित्रता करनी परमेश्वर से बैर करना है? इसलिये जो कोई संसार का मित्र होना चाहता है, वह अपने आप को परमेश्वर का बैरी बनाता है।

यूहन्ना 8:23

23 उसने उनसे कहा, "तुम नीचे के हो, मैं ऊपर का हूँ। तुम संसार के हो, मैं संसार का नहीं हूँ।

फिलिप्पियों 3:20-21

20 परन्तु हमारा स्वदेश स्वर्ग पर है, और हम वहां से एक उद्धारकर्ता,
अर्थात् प्रभु यीशु मसीह के आने की बाट जोहते हैं। 21 जो अपनी
सामर्थ के अनुसार सब वस्तुओं को अपने वश में कर सकता है, हमारी दीन-हीन देह का रूप बदलकर, अपनी महिमा की देह के अनुकूल बना देगा।

इफिसियों 6:12

12 क्योंकि हमारा यह मल्लयुद्ध, लोहू और मांस से नहीं, परन्तु प्रधानों से, और अधिकारियों से, और इस वर्तमान अन्धकार के अधिकारीयों से, और उस दुष्टता की आत्मिक सेनाओं से है जो आकाश में हैं।

1 यूहन्ना 5:19

19 हम जानते हैं कि हम परमेश्वर से हैं, और सारा संसार उस दुष्ट के वश में है।

यूहन्ना 15:18-19

18 "यदि संसार तुम से बैर रखता है, तो जान लो कि उसने तुम से
पहले मुझ से भी बैर रखा। 19 यदि तुम संसार के होते, तो संसार तुम्हें
अपना जानकर प्रेम रखता; परन्तु इसलिये कि तुम संसार के नहीं,

वरन मैं ने तुम्हें संसार में से चुन लिया है, इसलिये संसार तुम से बैर रखता है।

1 यूहन्ना 2:17
17 और संसार और उसकी अभिलाषाएँ मिटती जाती हैं, पर जो परमेश्वर की इच्छा पर चलता है, वह सर्वदा बना रहेगा।

जॉन 3:6
16 "क्योंकि परमेश्वर ने जगत से ऐसा प्रेम रखा कि उसने अपना एकलौता पुत्र दे दिया, ताकि जो कोई उस पर विश्वास करे, वह नाश न हो, परन्तु अनन्त जीवन पाए।

फिलिप्पियों 3:20
20 परन्तु हमारा स्वदेश स्वर्ग पर है, और हम वहाँ से एक उद्धारकर्ता प्रभु यीशु मसीह के आने का इन्तजार कर रहे हैं।

रोमियों 12:1-2
12:1 इसलिये हे भाइयो, मैं तुम से परमेश्वर की दया स्मरण दिला कर बिनती करता हूँ कि अपने शरीरों को जीवित, और पवित्र, और परमेश्वर को भावता हुआ बलिदान करके चढ़ाओ: यही तुम्हारी
आत्मिक सेवा है। 2 इस संसार के सदृश न बनो; परन्तु तुम्हारी बुद्धि
के नये हो जाने से तुम्हारा चाल-चलन भी बदलता जाए, जिस से तुम परमेश्वर की भली, और भावती, और सिद्ध इच्छा अनुभव से मालूम करते रहो।

प्रकाशितवाक्य 21:1-27
21:1 फिर मैंने नये आकाश और नयी पृथ्वी को देखा, क्योंकि पहला
आकाश और पहली पृथ्वी जाती रही थी, और समुद्र भी न रहा। 2
और मैंने पवित्र नगर नये यरूशलेम को स्वर्ग से परमेश्वर के पास से

उतरते देखा, जो अपने पति के लिये सिंगार किये हुए दुल्हन के समान
सजी हुई थी। 3 और मैंने सिंहासन में से किसी को ऊंचे शब्द से यह
कहते हुए सुना, “देख, परमेश्वर का निवास स्थान मनुष्यों के बीच में
है। वह उनके साथ डेरा करेगा, और वे उसके लोग होंगे, और परमेश्वर
आप उनके परमेश्वर के रूप में उनके साथ रहेगा। 4 वह उनकी आँखों
से सब आँसू पोंछ डालेगा, और इस के बाद मृत्यु न रहेगी, और न
शोक, न विलाप, न पीड़ा रहेगी; क्योंकि पहली बातें जाती रहीं।”
5 और जो सिंहासन पर बैठा था, उसने कहा, “देख, मैं सब कुछ नया
कर देता हूँ।” फिर उसने कहा, “इसे लिख ले, क्योंकि ये वचन
विश्वसनीय और सत्य हैं।” 6 और उसने मुझसे कहा, “यह हो गया!
मैं अल्फा और ओमेगा हूँ, शुरुआत और अंत। प्यासे को मैं जीवन के
जल के सोते से मुफ़्त में पिलाऊँगा।

7 जो जय पाए, वही यह मीरास पाएगा, और मैं उसका परमेश्वर
होऊंगा, और वह मेरा पुत्र होगा। 8 परन्तु जो डरपोक, विश्वासघाती,
घिनौने, हत्यारे, व्यभिचारी, टोन्हे, मूर्तिपूजक और सब झूठ बोलनेवाले
हैं, उनका भाग उस झील में मिलेगा, जो आग और गन्धक से जलती
रहती है, जो दूसरी मृत्यु है।”
9 तब उन सात स्वर्गदूतों में से एक, जिनके पास सात अंतिम विपत्तियों
से भरे हुए सात कटोरे थे, मेरे पास आया और मुझसे कहा, “आ, मैं
तुझे दुल्हन अर्थात् मेम्ने की पत्नी दिखाऊँगा।” 10 और वह मुझे
आत्मा में एक बड़े ऊँचे पहाड़ पर ले गया और पवित्र नगर यरूशलेम
को स्वर्ग से परमेश्वर के पास से उतरते दिखाया, 11 जिसमें परमेश्वर
की महिमा थी, और उसकी चमक अति अनमोल रत्न, अर्थात् बिल्लौर
के समान यशब की तरह थी। 12 उसकी एक बड़ी ऊँची दीवार थी,
और उसके बारह द्वार थे, और द्वारों पर बारह स्वर्गदूत थे, और द्वारों
पर इस्राएल के पुत्रों के बारह गोत्रों के नाम लिखे थे—13 पूर्व की ओर
तीन द्वार, उत्तर की ओर तीन द्वार, दक्षिण की ओर तीन द्वार और

पश्चिम की ओर तीन द्वार थे। 14 और नगर की दीवार की बारह नींव
थीं, और उन पर मेम्ने के बारह प्रेरितों के बारह नाम लिखे थे।

15 और जो मेरे साथ बातें कर रहा था उसके पास नगर, उसके फाटक
और दीवारें मापने के लिए सोने की एक मापने वाली छड़ थी। 16
नगर चौकोर बना हुआ था, उसकी लंबाई उसकी चौड़ाई के बराबर
थी। और उसने अपनी छड़ से नगर को मापा, 12,000 स्टेडिया।
इसकी लंबाई, चौड़ाई और ऊँचाई बराबर है। 17 उसने इसकी दीवार
भी मापी, जो मनुष्य के नाप से 144 हाथ थी, जो एक स्वर्गदूत का
नाप भी है। 18 दीवार यशब से बनी थी, जबकि नगर स्वच्छ कांच की
तरह शुद्ध सोने का था। 19 नगर की दीवार की नींव हर तरह के रत्नों
से सजी हुई थी। पहला यशब था, दूसरा नीलम, तीसरा गोमेद, चौथा
पन्ना, 20 पाँचवाँ गोमेद, छठा कार्नेलियन, सातवाँ क्राइसोलाइट,
आठवाँ बेरिल, नौवाँ पुखराज, दसवाँ क्राइसोप्रेज, ग्यारहवाँ जैसिंथ,
बारहवाँ नीलम। 21 और बारहों फाटक बारह मोतियों के थे, हर एक
फाटक एक-एक मोती से बना था, और नगर की सड़क पारदर्शी कांच
के समान शुद्ध सोने की थी।
22 और मैंने नगर में कोई मंदिर नहीं देखा, क्योंकि उसका मंदिर
सर्वशक्तिमान प्रभु परमेश्वर और मेम्ना है। 23 और नगर को सूर्य या
चंद्रमा के प्रकाश की आवश्यकता नहीं है, क्योंकि परमेश्वर की
महिमा उसे प्रकाश देती है, और उसका दीपक मेम्ना है। 24 उसके
प्रकाश में राष्ट्र चलेंगे, और पृथ्वी के राजा अपनी महिमा उसमें लाएंगे,
25 और उसके द्वार दिन में कभी बंद नहीं होंगे—और वहां कभी रात
नहीं होगी। 26 वे राष्ट्रों की महिमा और सम्मान उसमें लाएंगे। 27
लेकिन कोई भी अशुद्ध वस्तु या कोई भी व्यक्ति जो घृणित या झूठ
का काम करता है, कभी भी उसमें प्रवेश नहीं करेगा, बल्कि केवल वे
लोग जो मेम्ने की जीवन की पुस्तक में लिखे हैं।

1 यूहन्ना 4:5
5 वे संसार से हैं, इसलिये वे संसार की बातें बोलते हैं, और संसार उनकी सुनता है।

मत्ती 6:24
24 "कोई भी व्यक्ति दो स्वामियों की सेवा नहीं कर सकता, क्योंकि या तो वह एक से घृणा करेगा और दूसरे से प्रेम करेगा, या वह एक के प्रति समर्पित रहेगा और दूसरे को तुच्छ जानेगा। तुम परमेश्वर और धन दोनों की सेवा नहीं कर सकते।

मत्ती 7:16-20
*16 तुम उन्हें उनके फलों से पहचानोगे। क्या कंटीली झाड़ियों से अंगूर
या ऊँटकटारे से अंजीर तोड़े जाते हैं? 17 इसलिए, हर स्वस्थ पेड़
अच्छा फल देता है, लेकिन बीमार पेड़ बुरा फल देता है। 18 एक
स्वस्थ पेड़ बुरा फल नहीं दे सकता है, न ही एक बीमार पेड़ अच्छा
फल दे सकता है। 19 हर पेड़ जो अच्छा फल नहीं देता है, उसे काटकर
आग में डाल दिया जाता है। 20 इस तरह तुम उन्हें उनके फलों से
पहचानोगे।*

1 यूहन्ना 3:13
13 हे भाइयो, इस बात से हैरान मत हो कि संसार तुम से बैर रखता है।

याकूब 1:27
27 परमेश्वर पिता के निकट शुद्ध और निर्मल भक्ति यह है, कि अनाथों और विधवाओं के क्लेश में उन की सुधि लें, और अपने आप को संसार से निष्कलंक रखें।

कुलुस्सियों 2:8

8 चौकस रहो! कोई तुम्हें उस तत्व-ज्ञान और व्यर्थ धोखे के द्वारा अहेर न कर ले, जो मनुष्यों की परम्पराओं और संसार की आदि शिक्षा के अनुसार है, और मसीह के अनुसार नहीं।

जापान और चीन के बीच 663 ई. से 1972 तक के युद्ध और विश्व इतिहास का हिस्सा

***जैसा कि वॉचमैन नी के बैठने, चलने और खड़े होने के लेखन से संबंधित है, परमेश्वर और संसार के साथ हमारे संबंध में और शैतान*, यह वह समय है जब चीन दूसरे विश्व युद्ध से बाहर निकला था और देश के एक हिस्से पर जापानी कब्ज़ा हो गया था। वॉचमैन नी 1902 से 1972 तक जीवित रहे, उनके अंतिम दिन जेल में बीते। इससे वॉचमैन नी के बारे में कुछ ऐतिहासिक संदर्भ मिल सकते हैं, क्योंकि आप जापान और चीन के बीच के परेशानी भरे इतिहास और संबंधों की समीक्षा करते हैं।**

जापान और चीन के बीच संबंधों को समझने के लिए, हम 663 ई. से शुरू हुए संघर्षों पर नजर डालेंगे, जिसकी शुरुआत चीनी मातृभूमि पर जापान के पहले कब्जे से होती है।

अगर हमने कुछ नहीं सीखा है, तो वह यह है कि हमने इतिहास से कुछ नहीं सीखा है। इतिहास खुद को दोहराता है। आज, चीन, ताइवान और जापान फिर से एक दूसरे से भिड़ गए हैं और हमें आश्चर्य होगा कि अगर ये संघर्ष एक और खूनी युद्ध में परिणत न हो जाए, जैसा कि दुनिया ने पहले कभी नहीं देखा है, अगर यीशु मसीह आने में देर करते हैं। हमें एशिया प्रशांत क्षेत्र के लिए अपनी प्रार्थनाओं में इसे शामिल करना चाहिए।

पहली दर्ज चीन-जापान लड़ाई

663 ई. में बैकगैंग की लड़ाई हुई, जो दर्ज इतिहास में पहला चीन-जापान संघर्ष था। यह लड़ाई कोरियाई तीन राज्यों (समगुक या समहान), जापानी यामाटो और चीनी राजवंशों के बीच प्राचीन संबंधों का हिस्सा थी। यह लड़ाई इस अवधि के अंत के करीब हुई, जब इस लड़ाई के तुरंत बाद सैमगुक या तीन कोरियाई राज्यों में से एक बैक्जे का पतन हुआ।

उस बड़ी लड़ाई की पृष्ठभूमि में सिला (कोरियाई राज्यों में से एक) शामिल है, जो तांग राजवंश के साथ गठबंधन करके कोरियाई प्रायद्वीप पर हावी होने की कोशिश कर रहा था, जो गोगुरियो को हराने की कोशिश कर रहे थे , एक चल रहा संघर्ष जो सुई राजवंश से शुरू हुआ था। उस समय, गोगुरियो तीसरे प्रमुख कोरियाई राज्य बैक्जे से संबद्ध था। यमातो जापान ने 30,000 सैनिकों के साथ बैक्जे का ईमानदारी से समर्थन किया और अबे नो हिराफ़ू को भेजा , जो एक अनुभवी जनरल थे जिन्होंने पूर्वी और उत्तरी जापान में अभियानों में ऐनू से लड़ाई लड़ी थी। बैक्जे को जीतने के सिला के प्रयासों के हिस्से के रूप में, बैकगैंग की लड़ाई तांग चीन, बैक्जे, सिला और यमातो जापान के बीच लड़ी गई थी।

यह युद्ध यमातो सेना के लिए एक भयावह हार थी। लगभग 300 यमातो जहाजों को सिला-तांग बेड़े के संयुक्त बेड़े ने नष्ट कर दिया, जिसमें आधे जहाज शामिल थे, और इस प्रकार यमातो से बैक्जे को मिलने वाली सहायता भूमि पर मदद नहीं कर सकी, क्योंकि समुद्र

में उन्हें पराजित किया गया था। उसी वर्ष, इसके कुछ समय बाद ही बैक्जे पर विजय प्राप्त हुई।

बैक्जे के पराजित होने के बाद, सिला और तांग दोनों ने अधिक कठिन प्रतिद्वंद्वी, गोगुरियो पर ध्यान केंद्रित किया और गोगुरियो 668 ई. में पराजित हो गया। अधिकांश भाग के लिए, बैक्जे के साथ प्रतिद्वंदी होने के कारण सिला, यमातो जापान के प्रति भी शत्रुतापूर्ण था, जिसे बैक्जे के भाई राज्य के रूप में देखा जाता था, और यह नीति तब भी जारी रही (लगभग 670-730 ई. के बीच एक विराम के साथ) जब सिला ने वर्तमान कोरिया के अधिकांश भाग को एकजुट किया और वर्तमान कोरियाई प्रायद्वीप से तांग चीन को खदेड़ दिया। यमातो जापान कुछ समय के लिए अलग-थलग पड़ गया और उसे अपने दम पर मुख्य भूमि एशिया के साथ संबंध बनाने पड़े, क्योंकि उसके पास शत्रुतापूर्ण सिला द्वारा सबसे सुरक्षित और सुरक्षित मार्ग अवरुद्ध था।
600-1600 तक समुद्री व्यापार की समृद्धि

चीन और जापान के बीच समुद्री व्यापार का रिकॉर्ड अच्छी तरह दर्ज है, और कई चीनी कलाकृतियों की खुदाई की जा सकती है। बैक्जे और सिला ने कभी-कभी बिचौलिए की भूमिका निभाई, जबकि चीन और जापान के बीच सीधे वाणिज्यिक संबंध पनपे।

663 के बाद (मित्र बैक्जे के पतन के साथ) जापान के पास (सिला से शत्रुता के सामने, जिसे तांग साम्राज्यवाद के सामने अस्थायी रूप से स्थगित कर दिया गया था - क्योंकि तांग साम्राज्यवाद जापान

और एकीकृत सिला दोनों के लिए खतरा था - लेकिन 730 या उसके बाद फिर से शुरू हुआ) चीनी राजवंशों के साथ सीधे व्यापार करने के अलावा कोई विकल्प नहीं था। पहले तो जापानियों के पास खुद की लंबी दूरी की समुद्री यात्रा की बहुत कम विशेषज्ञता थी, लेकिन अंततः (कुछ लोग बैक्जे प्रवासियों की सहायता से सुझाव देते हैं जो अपने देश के पतन के बाद भाग गए थे) जापानियों ने अपने नौसैनिक कौशल के साथ-साथ अपने जहाजों के निर्माण में भी सुधार किया।

निंगबो और हांग्जो के बंदरगाहों का जापान के साथ सबसे सीधा व्यापारिक संबंध था और जापानी निवासी वहां व्यापार करते थे। मिंग राजवंश ने फैसला सुनाया कि निंगबो ही एकमात्र स्थान है जहां जापानी-चीनी संबंध स्थापित हो सकते हैं। इसलिए, इस अवधि के दौरान निंग्बो कई जापानी दूतावासों का गंतव्य था। निंग्बो जाने के बाद वे फिर चीन के अन्य शहरों में गए। 1523 में, दो प्रतिद्वंद्वी दूतावासों को जापान द्वारा निंग्बो भेजा गया था, फिर सेंगोकू काल के रूप में ज्ञात गृहयुद्ध की स्थिति में। दूतों में से एक चीनी, सोंग सुकिंग था, जो पहले जापान चला गया था। पंद्रहवीं और सोलहवीं शताब्दियों में एक सौ जापानी भिक्षुओं ने दौरा किया, निंग्बो, बीजिंग, हांग्जो, सूज़ौ, नानजिंग, हुआई और तियानजिन की घाटी में चीनी साहित्यकारों के साथ संपर्क बनाया। [७] सोंग सुकिंग एक प्रतिद्वंद्वी जापानी व्यापार प्रतिनिधिमंडल के साथ मतभेद में शामिल हो गया, जिसके कारण निंग्बो घटना हुई जहां जापानियों ने चोरी के जहाजों में भागने से पहले निंग्बो के आसपास के क्षेत्र में लूटपाट की और रास्ते में एक मिंग का पीछा करने वाले फ्लोटिला

को हराया। प्रतिशोध में निंगबो बंदरगाह को जापानियों के लिए बंद कर दिया गया और मिंग राजवंश के अंत तक दो और जापानी मिशन (1540 और 1549 में) प्राप्त हुए। 1633 के बाद टोकुगावा शोगुनेट द्वारा चीन के साथ प्रत्यक्ष व्यापार को सीमित कर दिया गया था , जब जापान ने नागासाकी को छोड़कर विदेशी दुनिया के साथ सभी प्रत्यक्ष संपर्क बंद करने का फैसला किया था, जिसमें डच और चीनी व्यापारिक चौकियाँ थीं। कुछ व्यापार सत्सुमा प्रांत के शिमाज़ू कबीले द्वारा रयूकू द्वीपों और होक्काइडो के ऐनू के माध्यम से भी किया जाता था।

चीन के तटों पर जापानी समुद्री डकैती और मंगोल आक्रमण 1200-1600

मुख्य लेख: वोकोऊ और जापान पर मंगोल आक्रमण

जापानी समुद्री डाकू (या वोकोउ) न केवल चीन और कोरिया के लिए, बल्कि जापानी समाज के लिए भी तेरहवीं शताब्दी से लेकर सोलहवीं शताब्दी के अंत में कोरिया पर हिदेयोशी के असफल आक्रमणों तक एक निरंतर समस्या थे। जापानी समुद्री डाकू अक्सर जापानी समाज के अवांछनीय हिस्सों से होते थे, और जापानी उनसे छुटकारा पाकर उतने ही खुश थे (अधिकांशतः) जितना वे अधिक समृद्ध तटों पर हमला करके खुश होते थे (उस समय, जापान गृह युद्धों से तबाह हो गया था, और इसलिए जब कोरिया, चीन और मंगोल साम्राज्य अपेक्षाकृत शांति, समृद्धि और धन का आनंद ले रहे थे, तो जापानियों के लिए कठिन समय था)।

1592-1598 के हिदेयोशी के कोरियाई आक्रमणों के दौरान मिंग राजवंश

मुख्य लेख: कोरिया पर जापानी आक्रमण (1592-1598)

तोयोतोमी हिदेयोशी जापान के तीन एकीकरणकर्ताओं में से एक थे (ओडा नोबुनागा और तोकुगावा इयासु अन्य थे)। मोरी और शिमाज़ू कुलों को वश में करने के बाद , हिदेयोशी का सपना अंततः चीन पर विजय प्राप्त करना था, लेकिन इसके लिए उसे कोरिया से होकर गुजरना पड़ा।

जब हिदेयोशी को कोरिया द्वारा देश को पार करके मिंग राजवंश चीन जाने की उनकी मांगों को अस्वीकार कर दिया गया, तो उन्होंने कोरिया पर आक्रमण कर दिया। 1592 में आक्रमण के पहले वर्ष में, जापानी काटो कियोमासा के नेतृत्व में मंचूरिया तक पहुँच गए और जियानझोउ ज़ुरचेन से लड़े । सियोन्जो (कोरियाई राजा) ने मिंग राजवंश से सहायता का अनुरोध किया , लेकिन चूंकि जापानी प्रगति बहुत तेज़ थी, इसलिए शुरू में केवल छोटी मिंग सेना ही प्रतिबद्ध थी। कोनिशी युकिनागा , जो 1592 की सर्दियों में प्योंगयांग में तैनात थे, ने पहली बार 5,000 चीनी सैनिकों की सेना का सामना किया और उन्हें हरा दिया। 1593 में, जनरल ली रुसोंग के नेतृत्व में 45,000 की सेना के साथ अधिक चीनी भागीदारी ने तोपखाने के साथ प्योंगयांग पर कब्जा कर लिया

1593 के बाद, लगभग चार साल का युद्ध विराम हुआ। उस दौरान, मिंग ने वापसी की शर्तों के रूप में हिदेयोशी को "जापान के राजा" की उपाधि दी, लेकिन हिदेयोशी को लगा कि यह जापान के सम्राट का अपमान है और उन्होंने वानली सम्राट की बेटी सहित रियायतों की मांग की। आगे संबंधों में खटास आ गई और युद्ध फिर से भड़क उठा। दूसरा आक्रमण हिदेयोशी के लिए बहुत कम सफल रहा। चीनी और कोरियाई बहुत अधिक तैयार थे और उन्होंने जल्दी से दक्षिण में जापानियों को घेर लिया और उन्हें घेर लिया जब तक कि उन्हें अंततः समुद्र में खदेड़ नहीं दिया गया और कोरियाई एडमिरल यी सन शिन ने उन्हें हरा दिया। आक्रमण विफल रहा लेकिन इसने कोरियाई शहरों, संस्कृति और ग्रामीण इलाकों को भारी नुकसान पहुंचाया और बड़ी संख्या में नागरिक हताहत हुए (जापानी ने कब्जे वाले कोरियाई शहरों में नागरिकों का नरसंहार किया)। आक्रमणों ने मिंग चीन के खजाने को भी खत्म कर दिया और इसे मंचू के खिलाफ कमजोर बना दिया, जिन्होंने अंततः मिंग राजवंश को नष्ट कर दिया और 1644 में किंग राजवंश का निर्माण किया।

तोकुगावा शोगुनेट के अधीन जापान ने अलगाववाद की नीति अपनाई, जब तक कि 1850 के दशक में कमोडोर पेरी द्वारा इसे जबरन नहीं खोल दिया गया।

मिंग और किंग राजवंश और एदो काल तोकुगावा जापान

चीनी व्यंजन, व्यंजन, मिठाइयाँ और कैंडीज जापान में चीनी पुरुषों द्वारा पेश किए गए थे, जिन्होंने अपनी जापानी गर्लफ्रेंड को उन्हें बनाना सिखाया था। जेनरोकू युग (1688-1704) में एक चीनी ने अपनी गर्लफ्रेंड को बेर के फूल के आकार की चीनी और चावल के आटे से बनी नरम मिठाई "कोसाको" बनाने का तरीका बताया। गाने तोसो-ऑन में गाए गए थे। कागेत्सु एंटरटेनमेंट (कागेत्सु योक्यो) पुस्तिका में उन गीतों के बारे में जानकारी थी जो चीनी पुरुषों ने अपनी जापानी गर्लफ्रेंड को सिखाए थे, जिसमें दिखाया गया था कि उन्हें तोसो-ऑन में ह्यूगोंग (दो-तारों वाला वायलिन), चिक्सियानचिन (सात-तारों वाला डलसीमर) और युएचिन (ल्यूट) जैसे उपकरणों के साथ गाया गया था। नागासाकी की जापानी महिलाओं को चीनी मूल के नृत्य, गीत और संगीत सिखाया गया था। इन क्यूरेनह्वान गीतों को बजाने के लिए गेकिन (युएचिन) का उपयोग किया जाता था। इनमें से एक गीत के साथ कंकन-ओडोरी नृत्य किया गया जो एडो और क्योटो में फैल गया और इसे प्रसिद्धि मिली। एडो में मूल चीनी शैली के नृत्य की प्रदर्शनी लगाई गई थी, जिसमें नागासाकी के अधिकारियों को चीनी मामलों का प्रबंधन करने और गीशा को वहां भेजने की व्यवस्था की गई थी, जिसे ताकाहाशी सकुजामोन (1785-1829) ने भेजा था, जो शोगुनेट के दरबारी खगोलशास्त्री थे। वह सीबोल्ड घटना के कारण प्रसिद्ध हो गए। बाद में, महिलाओं को डेजिमा में डचों की सेवा करने के लिए भेजा गया, जब उन्होंने मारुयामा में चीनी लोगों की सेवा की, जिसका भुगतान विक्टुअलिंग के लिए आयुक्तों द्वारा किया गया।

मीजी बहाली और जापानी साम्राज्य का उदय 1868-1931

मुख्य लेख: प्रथम चीन-जापान युद्ध, जापानी राष्ट्रवाद, और मीजी बहाली

13 सितम्बर 1871 को चीन -जापान मैत्री और व्यापार संधि पर तिएन्सिन में दाते मुनेनारी और ली होंगझांग ने हस्ताक्षर किये ।

कमोडोर पेरी द्वारा पश्चिमी नौसेना बल के प्रदर्शन ने कनागावा सम्मेलन और जापान को पश्चिमी व्यापार के लिए खोलने का मार्ग प्रशस्त किया। 1862 में शंघाई की सेनज़ाई मारू की यात्रा ने जापान को अपनी सीमाओं को बंद करने और बदलने से इनकार करने के ख़तरे से अवगत कराया। लंबे समय में इसने क्षितिज के विस्तार और बाहरी दुनिया से सीखने की ज़रूरत को प्रेरित किया। जापानी नेताओं ने महसूस किया कि 1840 और 1850 के दशक में पहले और दूसरे अफ़ीम युद्धों के दौरान चीन द्वारा झेले गए अपमान से बचने के लिए इसे आधुनिकीकरण की जरूरत है। इन सबकों से, जापान अलगाववाद से सुधारवादी में परिवर्तित हो गया। 1860 के दशक में मीजी बहाली के दौरान पुराने तोकुगावा शोगुनेट को उखाड़ फेंकने के बाद जापान ने संरचनात्मक सुधारों की शुरुआत की जिसके परिणामस्वरूप साम्राज्यवादी पश्चिमी शक्तियों के बाद तेजी से आधुनिकीकरण, औद्योगिकीकरण, सैन्यीकरण और साम्राज्यवाद हुआ।

इस बीच चीन के मांचू नेताओं ने तुलनीय सबक नहीं सीखा। बाहरी दुनिया के साथ चीन का संचार 1871 में नाटकीय रूप से बदल गया जब ग्रेट नॉर्दर्न टेलीग्राफिक कंपनी ने शंघाई को हांगकांग, सिंगापुर, नागासाकी और व्लादिवोस्तोक से जोड़ने वाली केबल खोली, जिसमें भारत और यूरोप के कनेक्शन थे। पहला लैंडलाइन टेलीग्राफ 1881 में शंघाई और तियानजिन के बीच खुला। [11] [12] जापान के साथ चीन की पहली आधुनिक वाणिज्यिक संधि 1871 में समानता के आधार पर हस्ताक्षरित की गई थी। अपने कूटनीतिक उद्घाटन के हिस्से के रूप में चीन ने 1877-1880 में टोक्यो, लंदन, बर्लिन, वाशिंगटन, मैड्रिड और सेंट पीटर्सबर्ग में दूतावासों की स्थापना की। हर कोई चीन के करोड़ों उपभोक्ताओं के साथ अत्यधिक लाभदायक व्यापार की आशावादी उम्मीदें रखता था।

1880 के बाद संघर्ष

जैसे-जैसे जापान का आधुनिकीकरण हुआ और उसने एक मजबूत अर्थव्यवस्था और सेना का निर्माण किया, चीन के साथ अधिक से अधिक घर्षण उत्पन्न हुआ। हॉट स्पॉट में रयूकू द्वीप , फॉर्मोसा (ताइवान) और कोरिया शामिल थे। [१४] जापान ने एक छोटी लेकिन अच्छी तरह से प्रशिक्षित सेना और नौसेना और बेहतर तकनीक के साथ एक स्थिर राजनीतिक और आर्थिक प्रणाली का निर्माण किया, जिसने १८९४-९५ के प्रथम चीन-जापानी युद्ध में अपनी आसान जीत से दुनिया को आश्चर्यचकित कर दिया। जापानी सैनिकों ने लियाओतुंग प्रायद्वीप पर पोर्ट आर्थर पर कब्जा करने के बाद

चीनियों का नरसंहार किया । अप्रैल १८९५ की शिमोनोसेकी की कठोर संधि में, चीन को कोरिया की स्वतंत्रता को मान्यता देने के लिए मजबूर किया गया और उसने जापान को फॉर्मोसा, पेस्काडोरेस द्वीप और लियाओतुंग प्रायद्वीप सौंप दिया। चीन ने आगे २०० मिलियन चांदी के टैल का क्षतिपूर्ति का भुगतान किया, हालाँकि, रूस, फ्रांस और जर्मनी ने संधि से खुद को वंचित पाया और ट्रिपल इंटरवेंशन में जापान को एक बड़ी क्षतिपूर्ति के बदले में लियाओतुंग प्रायद्वीप वापस करने के लिए मजबूर किया। चीन के लिए एकमात्र सकारात्मक परिणाम तब आया जब उन कारखानों ने शहरी चीन के औद्योगीकरण का नेतृत्व किया, जिससे उद्यमियों और कुशल मैकेनिकों का एक स्थानीय वर्ग तैयार हुआ।

जापानी सैनिकों ने साम्राज्यवादी शक्तियों के गठबंधन में भाग लिया जिसने 1900 में बॉक्सर विद्रोह को दबा दिया । चीनियों को फिर से एक और बड़ी क्षतिपूर्ति का भुगतान करने के लिए मजबूर किया गया, लेकिन जापान पर संयुक्त राज्य अमेरिका द्वारा बहुत कम स्वीकार करने का दबाव डाला गया। आठ-राष्ट्र गठबंधन और अमेरिकी ओपन डोर नीति के बीच प्रतिद्वंद्विता ने चीन को विभिन्न उपनिवेशों में विभाजित होने से रोक दिया।

फ़ुजियान को शामिल करने के लिए अपने प्रभाव क्षेत्र को बढ़ाने के लिए चीन पर प्रस्ताव रखा। जापान फ्रांसीसी ऋण प्राप्त करने और ओपन डोर पॉलिसी से बचने की कोशिश कर रहा था । पेरिस ने इस शर्त पर ऋण प्रदान किया कि जापान ओपन डोर का सम्मान करेगा और चीन की क्षेत्रीय अखंडता का उल्लंघन नहीं करेगा। 1907 के

फ्रांसीसी-जापानी एंटेंटे में, पेरिस ने जापान से फ्रांस के "चीनी साम्राज्य के क्षेत्रों से सटे क्षेत्रों" में विशेष हितों की मान्यता प्राप्त की, जहां उनके पास "संप्रभुता, संरक्षण या कब्जे के अधिकार" थे, जिसका अर्थ था दक्षिण पूर्व एशिया में फ्रांसीसी औपनिवेशिक संपत्ति के साथ-साथ दक्षिणी चीन के तीन प्रांतों- युन्नान, गुआंग्शी और ग्वांगडोंग में फ्रांसीसी प्रभाव क्षेत्र। बदले में, फ्रांस ने कोरिया, दक्षिण मंचूरिया और इनर मंगोलिया में जापान के प्रभाव क्षेत्रों को मान्यता दी

जापानी सरकार ने द्वीपों को आधार के रूप में इस्तेमाल करने वाले किंग विरोधी तत्वों के लिए अपने स्वयं के उपयोग किए। अलग-अलग समय पर इसने सन यात-सेन के साथ चार अलग-अलग तरीकों से व्यवहार किया: उनके उद्देश्यों को समर्थन देना, तटस्थ दूरी बनाए रखना, उन्हें जापान छोड़ने के लिए उकसाना और उनके क्रांतिकारी झुकाव को दबाना। सबसे अनुकूल चरणों में सरकार ने सन यात-सेन और तोंगमेंघुई के अन्य सदस्यों को संचालन का आधार प्रदान किया। इस प्रकार इसने उन्हें 1912 में किंग राजवंश को उखाड़ फेंकने और चीन गणराज्य की स्थापना में मदद की। इसने 1915-1916 में राष्ट्रपति युआन शिकाई को हटाने के सन के असफल प्रयासों में भी मदद की।

प्रथम विश्व युद्ध और 21 मांगें

मुख्य लेखः इक्कीस मांगें , प्रथम विश्व युद्ध के दौरान जापान , और प्रथम विश्व युद्ध में जापान का प्रवेश

१९१४ में प्रथम विश्व युद्ध के छिड़ते ही एक जापानी अभियान बल तेजी से प्रशांत क्षेत्र में सभी जर्मन संपत्तियों पर कब्जा करने के लिए चला गया। जापान ने किंगदाओ के जर्मन उपनिवेश पर कब्जा कर लिया , साथ ही शेडोंग प्रांत के कुछ हिस्सों पर भी कब्जा कर लिया। चीन आर्थिक रूप से अराजक, राजनीतिक रूप से अस्थिर और सैन्य रूप से बहुत कमजोर था। इसकी सबसे अच्छी उम्मीद युद्ध के बाद के शांति सम्मेलन में भाग लेना था, और दोस्तों को खोजने की उम्मीद जापानी विस्तारवाद के खतरों को रोकने में मदद करेगी। चीन ने युद्ध के बाद के शांति सम्मेलन में भाग लेने के योग्य बनने के लिए तकनीकी रूप से अगस्त १९१७ में जर्मनी पर युद्ध की घोषणा की। बीजिंग ने पश्चिमी मोर्चे पर एक लड़ाकू इकाई भेजने की योजना बनाई, लेकिन ऐसा कभी नहीं किया। [२१] [२२] ब्रिटिश राजनयिकों को डर था कि अमेरिका और जापान चीन के साथ व्यापारिक साझेदार के रूप में ब्रिटेन की अग्रणी भूमिका को विस्थापित कर देंगे

इक्कीस मांगों का एक अल्टीमेटम जारी किया । 21 बिंदुओं में पूर्व जर्मन अधिकारों पर तत्काल नियंत्रण, दक्षिणी मंचूरिया में 99 साल के पट्टे, स्टील मिलों में हिस्सेदारी और रेलवे के संबंध में रियायतें मांगी गईं। मांगों का पाँचवाँ सेट जापान को चीन की सरकार के अंदर एक मजबूत आवाज़ देगा और चीन को व्यावहारिक रूप से एक संरक्षित राज्य बना देगा। चीन ने माँगों को प्रकाशित किया और मित्र राष्ट्र नाराज़ हो गए। वाशिंगटन और लंदन ने टोक्यो पर

पाँचवीं माँगों को छोड़ने के लिए सफलतापूर्वक दबाव डाला। हालाँकि जापान ने उस प्रावधान को बनाए रखने की कोशिश की जो फ़ुज़ियान प्रांत को जापान के प्रभाव क्षेत्र में रखेगा। [२४] अन्य चार सेट सभी पक्षों द्वारा स्वीकार किए गए और प्रभावी हो गए। जापान को बहुत कम लाभ हुआ। इसने फ़ुज़ियान पर कब्ज़ा नहीं किया, और इसने वाशिंगटन और लंदन में प्रतिष्ठा खो दी। [25] [26] [27] जापान ने निशिहारा लोन के माध्यम से डुआन किरुई के प्रशासन को वित्तीय सहायता प्रदान की , और 1918 में गुप्त चीन-जापान संयुक्त रक्षा समझौते पर हस्ताक्षर करने के लिए भी उन पर दबाव डाला। जब ये घटनाक्रम प्रेस में लीक हो गए, तो चीनी जनता नाराज हो गई। जबकि चीन के पास 1919 में पेरिस शांति सम्मेलन में एक सीट थी, उसे पूर्व जर्मन रियायतों की वापसी से इनकार कर दिया गया था, और उसे पश्चिमी शक्तियों को अपनी लंबे समय की रियायतें जारी रखनी पड़ी थीं। इस प्रकार चीन ने वर्साय संधि पर हस्ताक्षर करने से इनकार कर दिया। इस अपमान की एक बड़ी प्रतिक्रिया चीनी राष्ट्रवाद में उछाल थी जिसे मई चौथा आंदोलन में व्यक्त किया गया था । चीनी आक्रोश 21वीं सदी में भी जारी है।

दूसरा चीन-जापान युद्ध

मुख्य लेख: मंचुको और मुकडेन घटना

1920 का दशक ऐसा था जिसमें जापान संधि प्रणाली के माध्यम से अपने आर्थिक हितों को सुरक्षित करने की कोशिश कर रहा था, एक नीति जो 1931 में अस्थिर हो गई जब मंचूरिया में मुकदेन घटना के बाद जापानियों ने औपनिवेशिक विलय की एक अधिक आक्रामक

रणनीति अपनाई। 1926 में शोवा काल की शुरुआत में जापानी मंचूरिया के संसाधनों के लिए उस पर कब्जा करना चाहते थे। चीन की विवादास्पद प्रकृति के कारण जापानी जासूसी, कूटनीति और बल प्रयोग के माध्यम से इस क्षेत्र में प्रभाव हासिल करने में सक्षम थे। 1928 में जापानियों ने मंचूरिया को नियंत्रित करने वाले चीनी सरदार झांग ज़ुओलिन की हत्या कर दी । 1931 में जापानी सेना ने मुकदेन घटना का मंचन किया

द्वितीय चीन-जापान युद्ध की शुरुआत के बीच जापानियों और विभिन्न चीनी सेनाओं के बीच बीच-बीच में झड़पें और मुठभेड़ें होती रहीं। इन मुठभेड़ों को जापानी सरकार ने सामूहिक रूप से मौजूदा तनाव को कम करने के लिए "घटनाओं" के रूप में वर्णित किया था। यह मुख्य रूप से संयुक्त राज्य अमेरिका को संघर्ष को वास्तविक युद्ध मानने से रोकने और इस प्रकार तटस्थता अधिनियमों के अनुसार जापान पर प्रतिबंध लगाने से रोकने के लिए था। इन घटनाओं ने सामूहिक रूप से चीन पर जापान के लाभ के लिए विभिन्न समझौतों पर हस्ताक्षर करने का दबाव डाला। इनमें शामिल हैं: शंघाई का विसैन्यीकरण , हे-उमेज़ू समझौता और चिन-दोइहारा समझौता । यह अवधि चीनी राष्ट्रवादियों के लिए अशांत थी , क्योंकि यह चीनी कम्युनिस्टों के साथ गृह युद्ध में फंस गया था और बचे हुए सरदारों के साथ एक असहज युद्धविराम बनाए रखा था , जो नाममात्र रूप से जनरलिसिमो चियांग काई-शेक (जियांग जीशी) के साथ गठबंधन कर रहे थे, उत्तरी अभियान के बाद । इस अवधि में चीनी राष्ट्रवादियों ने सोवियत और बाद में जर्मन

सलाहकारों की सहायता से अपनी राष्ट्रीय क्रांतिकारी सेना का आधुनिकीकरण करने का प्रयास किया।

मार्को पोलो ब्रिज पर चीनी सेना के साथ एक महत्वपूर्ण झड़प के बाद संघर्ष बढ़ गया । इसने दूसरे चीन-जापान युद्ध की शुरुआत को चिह्नित किया । चीनी राष्ट्रवादी बलों ने शंघाई पर हमला करके जवाबी कार्रवाई की। शंघाई की लड़ाई कई महीनों तक चली, जिसका समापन 26 नवंबर, 1937 को चीनी हार के साथ हुआ।
इस युद्ध के बाद, जापानी दक्षिण और पश्चिम की ओर बढ़ते रहे। इन जापानी अभियानों का एक विवादास्पद पहलू चीनी लोगों के खिलाफ किए गए युद्ध अपराध हैं । सबसे कुख्यात उदाहरण नानजिंग का बलात्कार था , जब जापानी सेना ने लोगों को लूटपाट, सामूहिक बलात्कार, यातना, नरसंहार और अन्य युद्ध अपराधों के अधीन किया था। जापानी अग्रिमों के दौरान अन्य (कम प्रचारित) अत्याचार किए गए थे; यह अनुमान है कि लाखों चीनी नागरिक मारे गए थे। किए गए अपराधों को मापने के विभिन्न प्रयास विवादास्पद साबित हुए हैं, अगर विभाजनकारी नहीं।
1938 के बाद से, युद्ध में चीन ने गुरिल्ला रणनीति का इस्तेमाल करके अग्रिमों को रोका और जहाँ आवश्यक हो वहाँ गहरे अंदरूनी इलाकों में वापस चले गए। इससे अंततः आपूर्ति-लाइन सीमाओं के कारण जापानी अग्रिम सीमित हो गए - जापानी दूरदराज के क्षेत्रों को पर्याप्त रूप से नियंत्रित करने में असमर्थ थे, लेकिन उन्होंने व्यावहारिक रूप से सभी प्रमुख शहरों और बंदरगाहों, साथ ही हवाई क्षेत्र को नियंत्रित किया।

द्वितीय विश्व युद्ध

1938 तक, संयुक्त राज्य अमेरिका चीन का समर्थन करने के लिए तेजी से प्रतिबद्ध था और ब्रिटेन और नीदरलैंड के सहयोग से, जापानी युद्ध मशीन, विशेष रूप से तेल के लिए महत्वपूर्ण सामग्रियों की आपूर्ति को प्रतिबंधित करने की धमकी दे रहा था। रूसियों द्वारा तीव्र पराजय के बाद, जापानी सेना सोवियत संघ के साथ युद्ध से बचना चाहती थी, भले ही इससे यूएसएसआर के खिलाफ जर्मन युद्ध में मदद मिलती। नौसेना, अपने तेल आपूर्ति के नुकसान से लगातार खतरे में थी, एक निर्णय पर जोर दिया, चेतावनी दी कि विकल्प एक उच्च जोखिम वाला युद्ध था, जापान हार सकता था, या तीसरे दर्जे की स्थिति में एक निश्चित असंतोष और चीन और मंचूरिया का नुकसान हो सकता था। आधिकारिक तौर पर सम्राट ने निर्णय लिया, लेकिन उन्हें 5 नवंबर 1941 को एक प्रमुख नागरिक अधिकारी ने बताया:

हमारी घरेलू राजनीतिक स्थिति और हमारे आत्म-संरक्षण के दृष्टिकोण से, सभी अमेरिकी मांगों को स्वीकार करना असंभव है...हम वर्तमान स्थिति को जारी नहीं रहने दे सकते। यदि हम युद्ध में जाने का वर्तमान अवसर चूक जाते हैं, तो हमें अमेरिकी हुक्म के आगे झुकना पड़ेगा। इसलिए, मैं मानता हूं कि यह अपरिहार्य है कि हमें संयुक्त राज्य अमेरिका के खिलाफ युद्ध शुरू करने का फैसला करना चाहिए। मैं जो कहा गया है उस पर अपना भरोसा रखूंगा: अर्थात्, युद्ध के शुरुआती हिस्से में चीजें अच्छी होंगी; और यद्यपि

युद्ध के आगे बढ़ने के साथ हमें बढ़ती कठिनाइयों का सामना करना पड़ेगा, फिर भी सफलता की कुछ संभावना है

सम्राट युद्ध के बारे में भाग्यवादी हो गया, क्योंकि सेना ने अधिक से अधिक नियंत्रण अपने हाथ में ले लिया। प्रधान मंत्री फूमिमारो कोनोई को जनरल हिदेकी तोजो (1884-1948) के युद्ध मंत्रिमंडल द्वारा प्रतिस्थापित किया गया , जिन्होंने युद्ध की मांग की। तोजो ने अपनी बात मनवा ली और दिसंबर 1941 में पर्ल हार्बर पर हमला किया गया, साथ ही ब्रिटिश और डच मजबूत बिंदुओं पर भी हमला किया गया। मुख्य अमेरिकी युद्ध बेड़े को निष्क्रिय कर दिया गया, और अगले 90 दिनों में जापान ने डच ईस्ट इंडीज, फिलीपींस, मलाया और सिंगापुर सहित उल्लेखनीय प्रगति की। [31]
पर्ल हार्बर पर हमले और युद्ध में अमेरिका के प्रवेश के बाद , प्रशांत , दक्षिण-पूर्व और दक्षिण-पश्चिम एशिया में लड़ाई ने जापानियों को काफी कमजोर कर दिया।

पेशा

हिरोशिमा और नागासाकी पर परमाणु बमबारी और जापानी कब्जे वाले मंचूरिया पर सोवियत आक्रमण के बाद , जापान ने आत्मसमर्पण कर दिया। 1945-1952 के अमेरिकी कब्जे के दौरान, डगलस मैकआर्थर के अधीन अमेरिकी अधिकारियों ने जापानी सरकार की देखरेख की। सभी विदेशी संबंधों को संयुक्त राज्य

द्वारा नियंत्रित किया गया था, और विदेशों में सभी जापानी राजनयिकों को घर वापस लाया गया था। जापान के अंदर कम्युनिस्ट पार्टी को बर्दाश्त किया गया था, और इसने चीन में चल रहे गृहयुद्ध में माओत्से तुंग के पक्ष का समर्थन किया था। 1949 में माओ की जीत हुई और जापानी वामपंथियों ने चीन के साथ छोटे पैमाने पर संपर्क खोले, खासकर श्रमिक संघों और कलात्मक समूहों का उपयोग करके। [३२] जब जापान ने 1945 में आत्मसमर्पण किया, तो उसके साढ़े छह मिलियन नागरिक एशिया और प्रशांत द्वीपों में फंसे हुए थे। [33] हालाँकि हज़ारों जापानी तकनीशियनों को पूर्वोत्तर चीन में ही छोड़ दिया गया था जब तक कि उन्हें 1953 में वापस नहीं भेज दिया गया। चीनी कम्युनिस्ट पार्टी किसानों पर आधारित थी और इन कुशल लोगों का इस्तेमाल तकनीक को अपडेट करने, स्थानीय श्रमिकों को प्रशिक्षित करने और कारखानों, खानों, रेलवे और अन्य औद्योगिक स्थलों के पुनर्निर्माण के लिए किया।

१९४३ में काहिरा सम्मेलन में मित्र शक्तियों के एक निर्णय के अनुसार, जापान के आत्मसमर्पण के बाद चीन गणराज्य (आरओसी) ने ताइवान का प्रशासन किया । चीनी गृहयुद्ध में पीआरसी की जीत के बाद, आरओसी ने दिसंबर १९४९ में अपनी केंद्रीय सरकार को ताइवान स्थानांतरित कर दिया। बाद में, युद्ध के बाद के सैन फ्रांसिस्को शांति संधि में ताइवान की क्षेत्रीय संप्रभुता का पीआरसी को HYPERLINK "https://en.wikipedia.org/wiki/Treaty_of_San_Francisco" \o "Treaty of San Francisco" कोई औपचारिक हस्तांतरण नहीं किया गया था , और इन व्यवस्थाओं की पुष्टि आरओसी और

जापान द्वारा १९५२ में संपन्न ताइपे की संधि में की गई थी। उस समय, ताइवान के अधिकारियों (चीनी राष्ट्रवादी पार्टी, या कुओमितांग (केएमटी)) को जापान द्वारा मान्यता प्राप्त थी, न कि कम्युनिस्ट चीन (पीपुल्स रिपब्लिक ऑफ चाइना, या पीआरसी) द्वारा। इस प्रकार, केएमटी ने केवल आरओसी सरकार के नाम पर जापानी मुआवजे को स्वीकार नहीं किया। द्वितीय विश्व युद्ध के मुआवज़े और जापानी प्रधानमंत्री टोमीची मुरायामा (अगस्त, 1995) के बयान के बारे में अनुभाग में अधिक विवरण देखें। HYPERLINK "https://en.wikipedia.org/wiki/World_War_II" \o "World War II" जब जापान ने अंततः 1972 में पीपुल्स रिपब्लिक ऑफ चाइना के साथ संबंधों को सामान्य किया, तो चीनी मुआवज़े के मुद्दे को आगे न बढ़ाने पर सहमत हुए।

संस्करण की प्रस्तावना - ईश्वर और संसार के बीच हमारे रिश्ते में बैठो, चलो और खड़े रहो और शैतान - पांचवां संस्करण

श्रीमान के मौखिक मंत्रालय से संकलित। फूचो के वॉचमैन नी (नी तो-शेंग) द्वारा लिखित और पहली बार बॉम्बे में प्रकाशित, सिट, वॉक, स्टैंड अपने उत्तेजक संदेश से पाठकों के दिलों को झकझोरना जारी रखता है। हालाँकि लगातार पुस्तक के संस्करणों में थोड़ा

बदलाव किया गया है विस्तारित, सभी स्रोत सामग्री एक ही अवधि से तारीखें हैं- विशाल दिन चीन में सुसमाचार प्रचार अभी जापानी युद्ध से पहले, जब लेखक और उनके साथी ईसाइयों ने ईश्वर की सेवा में एक ऐसी स्वतंत्रता का आनंद लिया जो आज दुर्लभ है। एक संदेश जो व्यक्त करता है पर एक बार उनका विजयी आश्वासन समाप्त हो गया मसीह का कार्य और उनका उच्चता का विनम्र भाव उनके सेवकों में अपेक्षित गुणों का एक नया आयाम है हमारे लिए अब प्रासंगिकता, जब ईसाई कार्य हर जगह परीक्षण चल रहा है।

भगवान हम पर कृपा करें न कि न केवल इसकी चुनौती पर ध्यान देना है, बल्कि तरीके भी खोजने हैं, जबकि अब समय है, इसकी
सीख को अपने
क्षेत्र में लागू करने का अवसर का.

परिचय - ईश्वर और संसार के बीच संबंध में बैठो, चलो और खड़े रहो और शैतान - पांचवां संस्करण

यदि एक मसीही का जीवन परमेश्वर को प्रसन्न करने वाला होना चाहिए उसे सभी बातों में उचित रूप से उसके साथ समायोजित किया जाना चाहिए।

हम अक्सर अपनी ही बातों पर जोर देते हैं ज़िंदगियाँ इस सिद्धांत को कुछ लोगों पर लागू करने पर हमारे व्यवहार या हमारे काम का एक भी विवरण इसलिए हम अक्सर उसकी सराहना करने में असफल हो जाते हैं समायोजन की सीमा की मांग की गई है या, कभी-कभी यहाँ तक कि, वह बिंदु जहाँ से इसकी शुरुआत होनी चाहिए। लेकिन भगवान सब कुछ नापते हैं, शुरु से अंत तक, उसके पुत्र की परिपूर्णताएँ। पवित्रशास्त्र स्पष्ट रूप से पुष्टि करता है कि यह परमेश्वर की अच्छी इच्छा है कि 'सब बातों का सारांश' दिया जाए मसीह में.. जिसमें हम भी एक विरासत बन गए' (इफिसियों 1:9-11)। मेरी हार्दिक प्रार्थना है कि, आगे होने वाली चर्चा से हमारी आँखें खुल सकती हैं नए सिरे से यह देखने के लिए कि यह केवल हमारे पूरे डालकर है इस बात पर बल दिया गया कि हम आशा कर सकते हैं कि हम इसे साकार कर सकें हमारे लिए ईश्वरीय उद्देश्य, जो यह है कि 'हमें होना चाहिए उसकी महिमा की स्तुति के लिये' (1.12)।

हम अपने विचारों की पृष्ठभूमि लेंगे इफिसियों के नाम पौलुस का पत्र। प्रेरित के बहुत से पत्रों की तरह, यह भी पत्र स्वाभाविक रूप से दो भागों में विभाजित है, एक सैद्धांतिक

और दूसरा व्यावहारिक। सैद्धांतिक भाग (अध्याय 1 से 3) 3) मुख्य रूप से महान तथ्यों से संबंधित है मुक्ति जो परमेश्वर ने हमारे लिए की है मसीह। व्यावहारिक भाग (अध्याय 4 से 6) फिर हमें मसीही आचरण और उत्साह के संदर्भ में उन माँगों को प्रस्तुत करता है, जो परमेश्वर हमसे कर रहा है उस मुक्ति के प्रकाश में हम पर। दोनों हिस्से आपस में बहुत निकट से जुड़े हुए हैं, लेकिन यह देखा जाएगा कि प्रत्येक में जोर अलग है।

फिर, आगे, दूसरा और अधिक स्पष्ट रूप से पत्र का व्यावहारिक आधा भाग फिर से हो सकता है आसानी से विषय-वस्तु के अनुसार उपविभाजित किया जा सकता है अध्याय 4. 1 से 6. 9 तक का पहला लंबा खंड और एक अध्याय 6. 10 से
अंत तक दूसरा और बहुत छोटा भाग। पहला भाग हमारे जीवन से संबंधित है पहला संसार के बीच में; दूसरा शैतान के साथ हमारे संघर्ष में।

इस प्रकार, हमारे पास कुल तीन उप-विभाग हैं इफिसियों के लिए पत्र, जिसमें यह बताया गया है आस्तिक का मसीह में उसकी स्थिति (1. 1-3. 21), संसार में उसका जीवन (4. 1-6. 9), और दुश्मन के प्रति उसका रवैया (6.10-24)। इन्हें संक्षेप में इस प्रकार कहा जा सकता है:

इफिसियों

ए. सैद्धांतिक (अध्याय 1 से 3) 1. मसीह में हमारी स्थिति (1. 1-3. 21) बी. व्यावहारिक (अध्याय 4 से 6) 2. संसार में हमारा जीवन (4. 1-6. 9) 3. शत्रु के प्रति हमारा दृष्टिकोण (6. 10-24) ईसाई जीवन। पत्र में

आध्यात्मिक
संपदा भरी पड़ी है, और फिर भी यह अत्यंत व्यावहारिक है। पत्र का पहला भाग मसीह में हमारे जीवन को सर्वोच्च में उसके साथ एकता के रूप में प्रकट करता है। स्वर्ग। दूसरा भाग हमें बहुत व्यावहारिक रूप में दिखाता है हमें किस प्रकार स्वर्गीय जीवन जीना चाहिए यहाँ पृथ्वी पर। हम यहाँ प्रस्ताव नहीं रखते पत्र का विस्तार से अध्ययन करें। हालाँकि, हम इस पर चर्चा करेंगे इसके मूल में कुछ सिद्धांत निहित हैं। इसके लिए इस उद्देश्य से हम प्रत्येक में एक कुंजी-शब्द का चयन करेंगे उपरोक्त तीन खंड यह व्यक्त करने के लिए हैं कि हम क्या मानते हैं इसका शासकीय विचार यही होना चाहिए।

पत्र के प्रथम भाग में हम उल्लेख करते हैं कि शब्द बैठो (2.6) जो उस खंड की कुंजी है और
एक सच्चे ईसाई अनुभव का रहस्य है। भगवान ने हमें स्वर्गीय स्थानों में मसीह के साथ बैठाया, और हर ईसाई को अपना आध्यात्मिक जीवन शुरू करना चाहिए उस विश्राम स्थान से। दूसरे भाग में हम चयन करते हैं कार्य यात्रा (4:1) हमारे जीवन की अभिव्यक्ति है दुनिया, जो इसका विषय है। हमें वहाँ चुनौती दी जाती है अपने मसीही जीवन में ऐसा आचरण प्रदर्शित करना जो अपने उच्च आह्वान को ध्यान में रखते हुए। और अंत में, तीसरे भाग में हम अपने दृष्टिकोण की कुंजी पाते हैं एक शब्द स्टैंड में निहित दुश्मन (6.11), अंत में हमारी विजय की स्थिति को दर्शाता है।

इस प्रकार हमारे पास है:।

इफिसियों में मुख्य शब्द

1. मसीह में हमारा स्थान - 'बैठो' (2.6)
2. संसार में हमारा जीवन - 'चलना' (4.1) 3. शत्रु के प्रति हमारा दृष्टिकोण - 'खड़े रहो' (6.11)

आस्तिक का जीवन हमेशा ये सब प्रस्तुत करता है तीन पहलू- ईश्वर, मनुष्य और शैतानी शक्तियाँ। भगवान के हाथ में उपयोगी होने के लिए एक आदमी को होना चाहिए तीनों के संबंध में उचित रूप से समायोजित: उसका पद, जीवन और युद्ध में उसकी भूमिका। वह इन सबमें पीछे रह जाता है परमेश्वर की अपेक्षाएँ यदि वह कम आंकता है उनमें से किसी एक का महत्व, क्योंकि प्रत्येक एक क्षेत्र है जिसमें परमेश्वर अपने अनुग्रह की महिमा प्रकट करेगा, जिसे उसने हमें अपने प्रियतम में उदारतापूर्वक प्रदान किया है' (1.6)।

तो, हम इन तीन शब्दों को - 'बैठो' 'चलना', 'खड़े हो जाना' - पत्र की शिक्षा के मार्गदर्शक के रूप में लेंगे, और हमारे हृदयों तक इसके वर्तमान संदेश के पाठ के रूप में लेंगे। हमें यह ध्यान रखना सबसे अधिक शिक्षाप्रद लगेगा वह क्रम और संबंध जिसमें वे आना।

अध्याय 1 - एसआईटी

'हमारे प्रभु यीशु मसीह के परमेश्वर ने... उसे जिलाया मरे हुओं में से निकालकर स्वर्गीय स्थानों में अपने दाहिने हाथ बैठाया, और सारी प्रभुता, और अधिकार, और सामर्थ्य, और प्रभुता, और हर एक नाम के ऊपर, जो न केवल इस संसार में, पर आनेवाले संसार में भी लिया जाएगा' इफिसियों (1.17-21) ।
और हमें उसके साथ जिलाया, और उसके साथ बैठाया उसे स्वर्गीय स्थानों में, मसीह यीशु में:... क्योंकि अनुग्रह विश्वास के द्वारा बचाये गये हैं; और यह विश्वास के द्वारा नहीं तु यह परमेश्वर का दान है, न कि कर्मों का, ताकि कोई मनुष्य अपने आप को न बचा सके। ' इफिसियों 2. 6-9'

'भगवान ने...उसे बैठाया...और हमें भी बैठाया उसके साथ।' आइए सबसे पहले
इस शब्द 'बैठो' के निहितार्थ पर विचार करें। जैसा कि हमने कहा, यह रहस्य को उजागर करता है स्वर्गीय जीवन की शुरुआत ईसाई जीवन से नहीं होती चलना; इसकी शुरुआत बैठने से होती है। ईसाई युग मसीह से शुरू हुआ, जिसके विषय में हमें बताया गया है कि, जब उसने पापों का शुद्धिकरण कर दिया था, वह नीचे बैठा है 'ऊपर की महिमा का दाहिना हाथ' (इब्रानियों 1. 3)।

समान सत्यता के साथ हम यह कह सकते हैं कि व्यक्ति मसीही जीवन एक ऐसे व्यक्ति से शुरू होता है जो 'मसीह में है - अर्थात् यह कहना कि जब विश्वास से हम खुद को बैठे हुए देखते हैं

स्वर्ग में उसके साथ। अधिकांश ईसाई यह गलती करते हैं कि वे उसे अपने साथ रखने की कोशिश करते हैं । बैठने में सक्षम होने के लिए चलना पड़ता है, लेकिन यह विपरीत है सच्चा क्रम। हमारा प्राकृतिक तर्क कहता है, अगर हम नहीं करते हम कैसे लक्ष्य तक पहुँच सकते हैं? बिना प्रयास के हम कैसे प्राप्त कर सकते हैं? अगर हम आगे नहीं बढ़ते तो क्या होगा? लेकिन ईसाई धर्म एक अजीब व्यापार! यह शुरुआत में हम करने की कोशिश करते हैं कुछ भी पाने की कोशिश करें तो कुछ नहीं मिलेगा; अगर हम कुछ पाना चाहें तो कुछ भी नहीं मिलेगा कुछ न कुछ, हम सब कुछ भूल जाते हैं। ईसाई धर्म के लिए यह किसी बड़े कार्य से नहीं, बल्कि किसी बड़े कार्य को पूर्ण करने से शुरू होता है।

इस प्रकार इफिसियों का आरम्भ इस कथन से होता है कि परमेश्वर हमें हर आध्यात्मिक आशीर्वाद से आशीर्वादित किया है मसीह के इफिसियों (1. 3) में स्वर्गीय स्थानों का उल्लेख है और हमें आमंत्रित किया गया है शुरू से ही बैठ कर परमेश्वर की दी हुई चीज़ों का आनंद लेना जो कुछ हमारे लिए किया गया है, उसे स्वयं प्राप्त करने का प्रयत्न न करें ।" चलने का मतलब है प्रयास, जबकि भगवान कहते हैं कि हम कर्मों से नहीं, बल्कि 'अनुग्रह से विश्वास के द्वारा' बचाए जाते हैं (2. 8)। हम लगातार कहते हैं कि हम बच गए हैं 'विश्वास के द्वारा बचाया गया', लेकिन इससे हमारा क्या तात्पर्य है?

हमारा मतलब यह है कि हम परमेश्वर पर भरोसा करके बच जाते हैं। प्रभु यीशु। हमने बचाने के लिए कुछ भी नहीं किया हमने तो बस उस पर बोझ डाल दिया हमारे पाप से बीमार आत्माएँ। हमने अपना ईसाई जीवन शुरू किया हमारे अपने कामों पर नहीं बल्कि उस पर निर्भर करता है जो उसने

किया था। जब तक कोई व्यक्ति ऐसा नहीं करता, वह ईसाई नहीं है; क्योंकि यह कहना कि: मैं अपने आप को बचाने के लिए कुछ नहीं कर सकता; लेकिन उनकी कृपा से भगवान ने मेरे लिए सब कुछ किया है मसीह के जीवन में पहला कदम उठाना है विश्वास। ईसाई जीवन शुरू से अंत तक विश्वास पर आधारित है। इस पर पूर्ण निर्भरता के सिद्धांत पर प्रभु यीशु।

ईश्वर की कृपा की कोई सीमा नहीं है वह हमें देने को तैयार है। वह हमें देगा सब कुछ, लेकिन हम इसमें से कुछ भी प्राप्त नहीं कर सकते सिवाय इसके कि हम उसमें विश्राम करते हैं। 'बैठना' एक दृष्टिकोण है आराम।

कुछ काम ख़त्म हो गया है, काम रुक गया है, और हम यह विरोधाभासी है, लेकिन सच है, कि हम केवल आगे बढ़ते हैं मसीही जीवन में हम सबसे पहले बैठना सीखते हैं।

बैठने का वास्तव में क्या मतलब है? हम चलते हैं या खड़े होते हैं, हम सारा भार अपने पैरों पर उठाते हैं हमारे अपने शरीर का, लेकिन जब हम बैठते हैं तो हमारा पूरा शरीर जिस कुर्सी या सोफे पर हम बैठते हैं उस पर हमारा वजन रहता है। जब हम चलते या खड़े होते हैं तो हम थक जाते हैं, लेकिन हमें ऐसा महसूस होता है कि जब हम थोड़ी देर के लिए बैठ जाते हैं तो आराम करते हैं। चलते या खड़े रहते हुए हम बहुत अधिक ऊर्जा खर्च करते हैं ऊर्जा, लेकिन जब हम बैठते हैं तो हम तुरंत आराम करते हैं, क्योंकि अब तनाव हमारी मांसपेशियों पर नहीं पड़ता और नसों लेकिन कुछ बाहर पर अपने आप को। आध्यात्मिक क्षेत्र में भी, बैठना बस हमारा पूरा वजन - हमारा बोझ - आराम करने के लिए है, हम स्वयं, अपना भविष्य, सब कुछ - प्रभु पर छोड़ दें। हम उसे जिम्मेदारी उठाने देते हैं और उसे रोकना बंद कर देते हैं हम इसे स्वयं ले जाते हैं। यह शुरू से ही परमेश्वर का सिद्धांत था

सृष्टि में परमेश्वर ने आदि से अन्त तक कार्य किया। छठे दिन उन्होंने विश्राम किया और सातवें दिन विश्राम किया। हम सच कह सकते हैं कि उन पहले छह दिनों में वह बहुत व्यस्त था। फिर, उसने जो काम खुद के लिए तय किया था , वह पूरा हो गया। उसने काम करना बंद कर दिया। सातवें दिन यह परमेश्वर का सब्त बन गया; यह परमेश्वर का विश्राम था।

लेकिन आदम का क्या हुआ? वह कहाँ खड़ा था? परमेश्वर के विश्राम से क्या सम्बन्ध है? हमें बताया गया है कि आदम को छठे दिन बनाया गया था। तो स्पष्ट रूप से, उसका कोई सम्बन्ध नहीं था उन पहले छह दिनों के काम में हिस्सा लिया, क्योंकि वह आया था केवल उनके अंत पर होने के नाते। भगवान का सातवां दिन था, वास्तव में, आदम का पहला दिन। जबकि भगवान ने छह दिन काम किया और फिर अपने सब्त के विश्राम का आनंद लिया, आदम ने अपना काम शुरू किया सब्त के साथ जीवन: क्योंकि परमेश्वर उससे पहले काम करता है विश्राम, जबकि मनुष्य को पहले परमेश्वर के विश्राम में प्रवेश करना होगा, और तभी वह अकेले काम कर सकता है। क्योंकि परमेश्वर का सृष्टि का कार्य सचमुच पूर्ण था कि आदम का जीवन विश्राम से शुरू हो सकता है। और यहाँ है सुसमाचार: कि परमेश्वर एक कदम आगे चला गया है और छुटकारे का कार्य भी पूरा कर लिया है, और हमें कुछ भी करने की जरूरत नहीं है जो भी इसके लायक हो, लेकिन विश्वास के द्वारा सीधे उसके मूल्यों में प्रवेश कर सकते हैं तैयार काम।

बेशक हम जानते हैं कि दो ऐतिहासिक सृष्टि में परमेश्वर के विश्राम और मोचन में, पूरी दुखद कहानी निहित है आदम के पाप और न्याय, मनुष्य की निरन्तरता, लाभहीन श्रम, और पुत्र के आगमन के बारे में परमेश्वर का

परिश्रम करना और खोए हुओं तक अपने आप को दे देना स्थिति पुनः प्राप्त हुई। 'मेरा पिता भी काम करता है अब तक, और मैं काम करता हूँ', उन्होंने आगे बताते हुए कहा उसका तरीका। केवल प्रायश्चित मूल्य चुकाने के बाद ही वह
चिल्ला सकता था: 'यह पूरा हो गया है!'

लेकिन विजयी जयघोष के कारण, सादृश्य हमने जो चित्र बनाया है वह सच है। ईसाई धर्म वास्तव में इसका मतलब है कि परमेश्वर ने सब कुछ मसीह में किया है, और कि हम बस विश्वास से आनंद की ओर कदम बढ़ाएं वह तथ्य। यहाँ हमारा मुख्य शब्द निश्चित रूप से नहीं है, इसके संदर्भ, 'बैठ जाओ' लेकिन देखने के लिए एक आदेश खुद को मसीह में 'बैठे' हुए समझें। पॉल प्रार्थना करता है कि आँखें या हृदय प्रकाशित हो (1. 18) इसमें हमारे लिए जो कुछ भी निहित है उसे समझें दोहरा तथ्य, कि परमेश्वर ने पहले शक्तिशाली शक्ति से 'उसे बैठाया', और फिर कृपा से 'हमें बैठाया' उसके साथ'। और पहला सबक जो हमें सीखना चाहिए वह यह है, कि काम शुरू में हमारा नहीं, बल्कि उसका है। ऐसा नहीं है कि हम परमेश्वर के लिए काम करते हैं, बल्कि वह हमारे लिए काम करता है। परमेश्वर हमें विश्राम का स्थान देता है।

वह अपना बेटे ने अपना काम पूरा किया और उसे हमारे सामने प्रस्तुत किया, और फिर वह हमसे कहते हैं, 'कृपया बैठिए' (च' एंग त्सो)। उनका हमसे प्रस्ताव मैं समझता हूँ कि इसे इससे बेहतर तरीके से व्यक्त नहीं किया जा सकता महान भोज के निमंत्रण के शब्द: 'आओ; क्योंकि अब सब कुछ तैयार है' (लूका 14-17)। मसीही जीवन इस खोज से शुरू होता है कि भगवान ने प्रदान किया है. इस बिंदु से आगे ईसाई अनुभव जैसा शुरू हुआ था वैसा ही आगे बढ़ता है, हमारे अपने आधार पर नहीं काम करें लेकिन हमेशा उस पर जो समाप्त कार्य का है हर नया आध्यात्मिक अनुभव शुरू होता है परमेश्वर ने जो कुछ दिया है, उसे

विश्वास के साथ स्वीकार करना यदि आप चाहें तो इसे एक नए 'बैठक' के साथ पूरा करें। यह यह जीवन का एक सिद्धांत है, और जिसे स्वयं ईश्वर ने भी नियुक्त किया है; और शुरू से अंत तक, प्रत्येक ईसाई जीवन का अगला चरण इस प्रकार है वही ईश्वरीय रूप से निर्धारित सिद्धांत।

मैं आत्मा की शक्ति कैसे प्राप्त कर सकता हूँ? सेवा? क्या मुझे इसके लिए मेहनत करनी होगी? क्या मुझे इसके लिए भगवान से विनती करनी होगी? क्या मुझे उपवास और आत्म-पीड़ा से अपनी आत्मा को कष्ट देना होगा। क्या यह शिक्षा नहीं है कि इनकार करने से यह योग्यता प्राप्त होती है? कभी नहीं! पवित्रशास्त्र का। फिर से सोचें: हमें यह कैसे प्राप्त हुआ हमारे पापों की क्षमा? पौलुस हमें बताता है कि यह 'उसकी कृपा की समृद्धि के अनुसार', और यह कि 'प्रियतम में हमें स्वतंत्र रूप से प्रदान किया गया' इफिसियों (1. 6, 7)।

हमने ऐसा कुछ भी नहीं किया जिससे हम इसके लायक बन सकें।
उसके लहू के द्वारा छुटकारा, अर्थात्
जो उसने किया उसके आधार पर।

तो फिर, परमेश्वर ने अपने उंडेले जाने का आधार क्या रखा है? आत्मा का? यह प्रभु यीशु का उत्कर्ष है (प्रेरितों 2:33) क्योंकि यीशु क्रूस पर मरा, मेरे पापों का प्रायश्चित हुआ। क्षमा कर दिया गया है; क्योंकि वह सिंहासन पर ऊंचा किया गया है मैं हूँ ऊपर से शक्ति प्राप्त है। एकमात्र उपहार है कोई नहीं से अधिक निर्भर मैं क्या हूँ या अन्य पर अधिक मैं जो करता हूँ। मैं माफ़ी का हकदार नहीं हूँ, और न ही क्या मैं आत्मा के उपहार का पात्र हूँ? मुझे सब कुछ मिलता है चलकर नहीं, बल्कि बैठकर, करके नहीं परन्तु प्रभु में विश्राम करने से। अतः, जैसे कोई नहीं है मोक्ष के प्रारंभिक अनुभव के लिए प्रतीक्षा करने की आवश्यकता है, इसलिए आत्मा के आने का इंतजार करने की कोई जरूरत नहीं है मैं आपको

आश्वस्त करना चाहता हूँ कि आपको इसकी आवश्यकता नहीं है इस उपहार के लिए भगवान से विनती करें, न ही पीड़ा में पड़ें, न ही रोकें 'बैठकों में देरी'। यह आपकी वजह से नहीं बल्कि आपकी वजह से है ऐसा इसलिए कर रहे हैं क्योंकि मसीह का उत्कर्ष हुआ है, जिस पर विश्वास करके तुम पर भी मुहर लगा दी गई वादा किया गया पवित्र आत्मा'। यह, किसी भी मायने में, पापों की क्षमा, 'सुसमाचार में निहित है तुम्हारा उद्धार' (1.13)

या किसी अन्य विषय पर विचार करें, जो कि इफिसियों का विशेष विषय। हम मसीह के सदस्य कैसे बनते हैं ? हमें उसका हिस्सा बनने के लिए क्या करना चाहिए? वह शरीर जिसे पौलुस 'उसकी परिपूर्णता' कहता है? निश्चित रूप से हम वहाँ कभी पैदल नहीं पहुँच सकते। मैं अपने स्वयं के प्रयास से उससे जुड़ा नहीं हूँ। "वहाँ एक है शरीर और एक आत्मा, जैसा कि तुम बुलाए भी गए थे तुम्हारे बुलावे की एक ही आशा है' (4. 4)। इफिसियों में आगे बताया गया है क्या है। यह यीशु मसीह से शुरू होता है, और इस तथ्य से कि परमेश्वर ने हमें उसकी नींव से पहले उसमें चुना है दुनिया (1.4)। जब पवित्र आत्मा हमें दिखाता है मसीह और हम उस पर विश्वास करते हैं, फिर तुरंत, बिना किसी उसके साथ मिलन। हमारी ओर से आगे के कार्य, हमारे लिए एक जीवन शुरू होता है लेकिन अगर ये सभी चीजें केवल विश्वास से हमारी हो जाती हैं, तो अब बहुत जरूरी और हमारे पवित्रीकरण का व्यावहारिक मामला क्या है? हम कैसे पाप के शासन से वर्तमान उद्धार को जानते हैं? हमारा 'बूढ़ा आदमी', जो हमारा पीछा करता रहा है और हमें परेशान करता रहा है क्या हमें सालों तक 'क्रूस पर चढ़ाया' जाएगा और दूर रखा जाएगा? फिर रहस्य चलने में नहीं बल्कि बैठने में है; करने में नहीं बल्कि किसी किये हुए काम में विश्राम करने में।

'हम मर गए. पाप करने के लिए, 'हमें बपतिस्मा दिया गया ... उसकी मृत्यु तक'। 'हम थे उसके साथ दफनाए गए।' 'भगवान ... ने हमें एक साथ जीवित कर दिया मसीह।' (रोमियों 6:2,3,4; इफिसियों 2:5) ये सब कथन भूतकाल (अनोइस्ट) काल में हैं। ऐसा क्यों है? यह? क्योंकि प्रभु यीशु को बाहर क्रूस पर चढ़ाया गया था यरुशलम में लगभग दो हजार साल पहले, मैं उसके साथ क्रूस पर चढ़ाया गया। यह महान ऐतिहासिक तथ्य है। यह उसका अनुभव अब मेरा आध्यात्मिक बन गया है इतिहास, और भगवान मेरे बारे में पहले से ही बोल सकते हैं सब कुछ 'उसके साथ'। अब जो कुछ भी मेरे पास है, वह सब मेरे पास है 'मसीह के साथ'। पवित्र शास्त्रों में हमें ये कभी नहीं मिलते ऐसी बातें जो भविष्य में कही जाती हैं, या भविष्य में भी नहीं कही जातीं वर्तमान में वांछित। वे ऐतिहासिक तथ्य हैं मसीह, जिस पर हम सब विश्वास करते हैं प्रविष्टि की।

'मसीह के साथ' - क्रूस पर चढ़ाया गया, जीवित किया गया, उठाया गया, स्वर्ग में स्थित: मानव मन के लिए ये विचार यीशु के शब्द जितने ही पेचीदा हैं जॉन 3.3 में निकोडेमस। वहाँ यह सवाल था फिर से जन्म कैसे लें। यहाँ तो और भी अधिक असंभव बात है - न केवल होने वाली बात हम में नया जन्म हुआ है, लेकिन देखा जाना चाहिए और इसे हमारा स्वीकार किया गया है क्योंकि यह पहले ही प्रभावी हो चुका है बहुत पहले किसी और में। ऐसी बात कैसे हो सकती है हम समझा नहीं सकते। हमें इसे प्राप्त करना होगा भगवान ने कुछ ऐसा किया है जो उसने किया है। हम पैदा नहीं हुए थे मसीह के साथ थे, परन्तु हम उसके साथ क्रूस पर चढ़ाए गए (गला. 2.20) अतः हमारा उसके साथ मिलन आरम्भ हुआ उसकी मृत्यु। परमेश्वर ने हमें उसमें शामिल किया। हम थे 'उसके साथ' क्योंकि हम 'उसमें' थे।

लेकिन मैं कैसे निश्चित हो सकता हूं कि मैं 'मसीह में' हूं? इस बात पर पूरा यकीन किया जा सकता है क्योंकि बाइबल इस बात की पुष्टि करती

है कि यह सच है, और यह भगवान ही थे जिन्होंने मुझे वहां भेजा था। [परमेश्वर] तुम मसीह यीशु में हो' (1 कुरिन्थियों 1:30)। 'वह जो हमें मसीह में तुम्हारे साथ स्थिर करनेवाला परमेश्वर है। (2 कुरिन्थियों 1:21) यह उसके द्वारा पूरा किया गया कार्य है उसकी प्रभुतापूर्ण बुद्धि में, देखा जाना, विश्वास किया जाना, हमने इसे स्वीकार कर लिया और इस पर आनन्दित हुए।

अगर मैं एक डॉलर के नोट को कागज के पन्नों के बीच रख दूं, पत्रिका, और फिर पत्रिका जला दो, डॉलर का नोट कहाँ है? यह उसी तरह चला गया है जैसे कि पत्रिका- राख में। जहाँ एक जाता है, वहीं दूसरा भी जाता है उनका इतिहास एक हो गया है। लेकिन, जैसे ही प्रभावी रूप से, परमेश्वर ने हमें मसीह में रखा है। जो उसके साथ हुआ वही हमारे साथ भी हुआ। जो अनुभव उन्होंने पाए, वही अनुभव हमने भी उनमें पाए हैं। बूढ़े आदमी को उसके साथ क्रूस पर चढ़ाया गया था, कि उसका शरीर पाप दूर हो जाए, ताकि हम फिर पाप के बंधन में न रहें' (रोमियों 6.6)। संघर्ष करने का आह्वान। यही इतिहास है: हमारा इतिहास, मसीह में लिखा गया, हमारे जन्म से पहले। क्या
आप इस पर विश्वास करते हैं? यह सच है! हमारे क्रूस पर चढ़ने के साथ मसीह एक गौरवशाली ऐतिहासिक तथ्य है। हमारा उद्धार पाप से मुक्ति इस बात पर आधारित नहीं है कि हम क्या कर सकते हैं, न ही इस बात पर कि हम क्या कर सकते हैं परमेश्वर हमारे लिए क्या करने जा रहा है, इस पर नहीं, बल्कि इस पर कि वह हमारे लिए क्या करने जा रहा है, इस पर मसीह में हमारे लिए पहले ही कर दिया गया है। जब वह तथ्य हम पर प्रकाश पड़ता है और हम उस पर भरोसा करके विश्राम करते हैं (रोमियों 6. 11) तो हमें पवित्र जीवन का रहस्य मिल गया है। लेकिन यह सच है कि हम इसके बारे में बहुत कम जानते हैं। अनुभव। एक उदाहरण पर विचार करें।

अगर कोई न कोई आपके बारे में बहुत ही निर्दयी टिप्पणी करता है उपस्थिति, आप स्थिति का सामना कैसे करते हैं? अपने होठों को दबाएँ, अपने दाँतों को भींचें, निगलें कठोर बनो, और अपने आप पर दृढ़ पकड़ बनाओ; और यदि बहुत प्रयास से आप सभी संकेतों को दबाने में कामयाब होते हैं नाराजगी जताएं और बदले में यथोचित रूप से विनम्र रहें, आपको लगता है कि आपने एक बड़ी जीत हासिल कर ली है। आक्रोश अभी भी है; इसे केवल ढक दिया गया है और कई बार तो आप इसमें सफल भी नहीं हो पाते इसे ढकना। परेशानी क्या है? परेशानी यह है कि आप बैठने से पहले ही चलने की कोशिश कर रहे हैं, और इस तरह से हार पक्की है। मैं फिर से दोहराता हूं: नहीं मसीही अनुभव चलने से शुरू होता है, लेकिन हमेशा निश्चित रूप से बैठने से। इसका रहस्य पाप से मुक्ति कुछ करने से नहीं बल्कि परमेश्वर ने जो किया है उस पर भरोसा रखो।

एक इंजीनियर की सच्ची कहानी जिसकी पत्नी ने व्यभिचार का पाप किया

पश्चिम के एक बड़े शहर में रहने वाला एक इंजीनियर वह अपनी मातृभूमि छोड़कर सुदूर पूर्व चले गए थे। दो या तीन साल, और उसकी अनुपस्थिति के दौरान उसकी पत्नी उसके साथ विश्वासघात किया और उसके एक साथी के साथ चला गया सबसे अच्छे दोस्त। घर लौटने पर उसने पाया कि उसके पास अपनी पत्नी, दो बच्चों और सबसे अच्छे दोस्त को खो दिया। एक बैठक के समापन पर जिसे मैं संबोधित कर रहा था, यह दु:खी आदमी ने अपना बोझ मुझ पर उतार दिया। 'दो साल से दिन-रात मेरा दिल धड़कता रहा है उन्होंने कहा, "मैं एक ईसाई हूं और मैं नफरत से भरा हुआ हूं।" मैं अपनी पत्नी और अपने दोस्त को माफ़ करना चाहता

था, लेकिन हालाँकि मैं उन्हें माफ़ करने की बहुत कोशिश करता हूँ, मैं बस नहीं कर सकता। हर दिन मैं उनसे प्यार करने का संकल्प लेता हूँ, और हर दिन मैं एक दिन असफल हो जाऊँगा। मैं इसके बारे में क्या कर सकता हूँ?" कुछ भी मत करो मैंने जवाब दिया, 'तुम्हारा क्या मतलब है?' उसने पूछा, चौंका। 'क्या मुझे उनसे नफरत करना जारी रखना चाहिए?' तो मैंने उन्होंने समझाया: 'आपकी समस्या का समाधान यहीं है, कि जब प्रभु यीशु क्रूस पर मरे तो उन्होंने केवल तुम्हारे पापों को दूर ले गया परन्तु उसने तुम्हें दूर ले गया भी। जब उसे क्रूस पर चढ़ाया गया, तो आपका पुराना मनुष्यत्व उसमें क्रूस पर चढ़ाया गया, ताकि वह क्षमा न करने वाला "आप", जो उन लोगों से प्यार नहीं कर सकते जिन्होंने गलत किया है तुम्हें, उसके रास्ते से हटा दिया गया है मौत।

परमेश्वर ने पूरी स्थिति को संभाल लिया है पार करो, और तुम्हारे लिए निपटने के लिए कुछ भी नहीं बचा है। बस उससे कहो, "हे प्रभु, मैं प्रेम नहीं कर सकता और मैं हार मानता हूँ।" मैं कोशिश कर रहा हूँ, लेकिन मैं आपके संपूर्ण प्रेम पर भरोसा करता हूँ। मैं नहीं कर सकता क्षमा करें, लेकिन मुझे विश्वास है कि आप मेरे बदले में मुझे क्षमा करेंगे, और आगे से ऐसा करेंगे।" वह आदमी आश्चर्यचकित होकर वहीं बैठ गया और बोला, "बस इतना ही यह इतना नया है कि मुझे लगता है कि मुझे इसके बारे में कुछ करना चाहिए।' फिर एक कुछ क्षण बाद उन्होंने फिर कहा, 'लेकिन मैं क्या कर सकता हूं?' मैंने कहा, 'ईश्वर तब तक इंतजार कर रहा है जब तक आप ऐसा करना बंद नहीं कर देते।' 'कब तुम करना बंद कर दोगे, तो भगवान शुरू कर देंगे। क्या आपने कभी किसी डूबते हुए आदमी को बचाने की कोशिश की है? परेशानी यह है उसका डर उसे आप पर भरोसा करने से रोकता है। जब ऐसा है, तो आगे बढ़ने के केवल दो ही रास्ते हैं इसके बारे में। या तो आपको उसे बेहोश कर देना चाहिए और फिर उसे किनारे तक खींचो, या फिर तुम्हें उसे संघर्ष करने और चिल्लाने के लिए छोड़ दो जब तक उसकी ताकत न बढ़ जाए इससे पहले

कि आप उसे बचाने जाएं, वह रास्ता छोड़ देता है। अगर आप उसे बचाने की कोशिश करते हैं जब तक उसमें ताकत बची है, उसे बचा लो, वह वह आपको अपने आतंक में जकड़ लेगा और नीचे खींच लेगा, और वह और तुम दोनों खो जाओगे। भगवान तुम्हारा इंतज़ार कर रहा है उसके सामने पूरी तरह से शक्ति का भंडार समाप्त हो जाना चाहिए तुम्हें मुक्ति दिला सकता है। एक बार जब तुमने संघर्ष करना बंद कर दिया,

वह सब कुछ करेगा। भगवान आपका इंतज़ार कर रहा है निराशा।'

मेरा इंजीनियर दोस्त उछल पड़ा, 'भाई,' उसने कहा। कहा, 'मैंने इसे देखा है। भगवान की स्तुति करो, अब सब ठीक है मुझे! मेरे लिए कुछ भी करने को नहीं है। उसने सब कुछ कर दिया है!'
और चमकते चेहरे के साथ वह खुशी मनाते हुए चला गया।

देनेवाला परमेश्वर

सुसमाचारों में वर्णित सभी दृष्टान्तों में से, मुझे लगता है कि उड़ाऊ पुत्र ईश्वर को प्रसन्न करने के सर्वोत्तम तरीके का उदाहरण है। पिता कहते हैं: 'आनन्द मनाना और खुश होना उचित था' (लूका 15. 32), और इन शब्दों में यीशु प्रकट करता है कि यह क्या है कि, मोचन के क्षेत्र में, सर्वोच्च अपने पिता के हृदय को आनन्दित करता है। यह कोई बड़ा भाई नहीं है जो पिता के लिए लगातार मेहनत करता है, लेकिन एक छोटा भाई जो पिता को अपना सब कुछ करने देता है। वह कोई बड़ा भाई नहीं है जो हमेशा बड़ा भाई बनना चाहता है। देने वाला नहीं, बल्कि एक छोटा भाई है जो हमेशा
पाने वाला बनने को तैयार रहता है। जब उड़ाऊ पुत्र वापस लौटा घर में, उच्छृंखल जीवन में अपनी सारी संपत्ति बर्बाद करने के बाद

, पिता के पास बेटे के लिए फटकार का एक शब्द भी नहीं था। न तो उन्होंने कोई बर्बादी की और न ही पदार्थ के बारे में पूछताछ का एक शब्द कहा
। उसे उन सभी बातों पर कोई दुख नहीं हुआ जो थीं खर्च; वह केवल अवसर पर आनन्दित था बेटे की वापसी से उसे अधिक खर्च करने का अवसर मिला।

परमेश्वर इतना धनवान है कि उसका मुख्य आनन्द यही है कि दे दो। उसके खजाने इतने भरे हुए हैं कि यह दर्द है जब हम उसे अवसर देने से मना कर देते हैं उन खजानों को हम पर लुटाना। यह पिता की खुशी थी जो उसे उड़ाऊ पुत्र में मिल सकती थी वस्त्र, अंगूठी, जूते और के लिए आवेदक दावत; यह उसका दुख था कि बड़े बेटे में वह ऐसा कोई आवेदक नहीं मिला। यह दिल के लिए दुख की बात है जब हम परमेश्वर को कुछ देने की कोशिश करते हैं, तो वह हमें खुश करता है। बहुत, बहुत समृद्ध। जब हम उसे सच्ची खुशी देते हैं बस उसे हमें देने दो और देने दो और फिर से देने दो। यह है जब हम उसके लिए कुछ करने की कोशिश करते हैं तो उसे भी दुख होता है, क्योंकि वह बहुत-बहुत सक्षम है। वह चाहता है कि हम बस उसे करने दो, करने दो, करने दो। वह चाहता है कि वह हमेशा दाता है, और वह हमेशा कर्ता बनना चाहता है
। काश हम देख पाते कि वह कितना समृद्ध और कितना महान है वह है, हम सब देना और सब छोड़ देंगे उसके साथ क्या कर रहे हो.

क्या आपको लगता है कि अगर आप दूसरों को खुश करने की कोशिश करना बंद कर देंगे तो भगवान् आपका अच्छा व्यवहार ख़त्म हो जायेगा? अगर आप चले गए क्या आप सारा देना और सारा काम भगवान को सौंपते हैं? आपको लगता है कि परिणाम उतना संतोषजनक नहीं होगा जितना कि आपको लगता है क्या हम खुद कुछ कर सकते हैं? ऐसा तब

होता है जब हम खुद कुछ करने की कोशिश करते हैं कि हम अपने आप को फिर से व्यवस्था के अधीन रखें।

परन्तु व्यवस्था के काम, यहां तक कि हमारे सर्वोत्तम प्रयास भी, मृत कर्म', निष्प्रभावी होने के कारण परमेश्वर को घृणित लगते हैं। दृष्टांत में, दोनों बेटे समान रूप से दूर थे पिता के घर की खुशियों से दूर। सच है, बड़े बेटा दूर देश में नहीं था, फिर भी वह घर पर ही था सिद्धांत रूप में। 'इतने सालों से मैं आपकी सेवा कर रहा हूँ, और फिर भी...: उसके दिल को शांति नहीं मिली थी। उसका सैद्धांतिक स्थिति कभी भी, उड़ाऊ पुत्र की तरह, उस स्थिति में नहीं आ सकती थी जब तक वह अपने अच्छे कामों से जुड़ा रहेगा, तब तक वह इसका आनंद उठाता रहेगा, बस आप 'देना' बंद कर दें, और आप साबित कर देंगे भगवान कितना दानी है! 'काम करना' बंद करो, और तुम पाओगे पता लगाओ कि वह कितना बड़ा कार्यकर्ता है! सब ग़लत था, लेकिन वह घर आया और उसने पाया विश्राम करो-और यहीं से ईसाई जीवन शुरू होता है। 'ईश्वर, और अपने उस बड़े प्रेम के कारण जिस से उस ने हम से प्रेम किया, और हमें मसीह यीशु में अपने साथ स्वर्गीय स्थानों में बैठाया ' (इफिसियों 2:4, 6)। 'यह उचित था कि हम उसके साथ रहें। आनंद मनाओ और प्रसन्न रहो!'

अध्याय 2 - चलना

हमने यह स्पष्ट करने का प्रयास किया है कि ईसाई अनुभव चलने से नहीं बल्कि बैठे हुए। हर बार जब हम ईश्वरीय आदेश को उलट देते हैं परिणाम विनाशकारी है। प्रभु यीशु ने हमारे लिए सब कुछ है, और अब हमारी ज़रूरत आराम करने की है उस पर पूरा भरोसा रखो। वह सिंहासन पर बैठा है, इसलिए हम उसकी शक्ति से आगे बढ़ते हैं। यह नहीं हो सकता बहुत दृढ़ता से जोर दिया कि सभी सच्चे आध्यात्मिक अनुभव विश्राम से शुरू होता है.

लेकिन बात यहीं ख़त्म नहीं होती। मसीही जीवन बैठने से शुरू होता है, बैठने के
बाद हमेशा चलना आता है। जब हम एक बार अच्छी तरह से और वास्तव में बैठे हैं और हमारी ताकत मिल गई है जब हम बैठते हैं, तो वास्तव में हम चलना शुरू कर देते हैं।

बैठना मसीह के साथ हमारी स्थिति का वर्णन करता है स्वर्ग। चलना व्यावहारिक रूप से काम करना है यहाँ पृथ्वी पर वह स्वर्गीय स्थिति। एक स्वर्गीय के रूप में हम लोगों को उस बात की मुहर लगानी पड़ती है हमारे सांसारिक आचरण में स्वर्गीयता हम पर हो, और इससे नई समस्याएं पैदा होती हैं। तो फिर हमें क्या करना चाहिए? पूछिए, क्या इफिसियों ने हमें चलने के बारे में कुछ कहा है? हम पाएँगे कि पत्र हमें दो बातें बताता है।

अब हम उनमें से पहले पर नजर डालेंगे। इसलिये मैं जो प्रभु में बन्धुआ हूं, तुम से बिनती करता हूं, कि
जिस बुलाहट से तुम बुलाए गए थे, उसके योग्य चाल चलो। पूरी

दीनता और विनम्रता के साथ...' (4.1,2)।
"मैं यह इसलिए कहता हूँ... कि तुम अब से अन्यजातियों की तरह न चलो वे भी अपने मन की व्यर्थ रीति पर चलते हैं... परन्तु...कि तुम अपने मन की आत्मा में नया बनो' (4. 17, 23)।

'प्रेम में चलो, जैसा कि मसीह ने भी तुमसे प्रेम किया। अपने आप को तुम्हारे लिए दे दिया' (5.2, एमजी.)
"प्रकाश के बच्चों के रूप में चलो,... जो अच्छा है उसे प्रमाणित करते हुए- प्रभु को प्रसन्न करना' (5.8, 10)।
इफिसियों में आठ बार 'चलना' शब्द का प्रयोग किया गया है इसका शाब्दिक अर्थ है 'चारों ओर घूमना', और
यहाँ पॉल द्वारा इसका प्रयोग 'निर्वासित करना' के अर्थ में लाक्षणिक रूप से किया गया है। 'स्वयं को नियंत्रित करना', 'अपने व्यवहार को नियंत्रित करना'। यह
हमारे सामने ईसाई धर्म का विषय लाता है आचरण, और पत्र का दूसरा भाग
मुख्यतः इसी पर आधारित है। लेकिन हमने पहले देखा कि मसीह का शरीर, ईसाईयों की संगति विश्वासियों के लिए, यह इफिसियों का एक और महान विषय है।

अब, यहाँ अध्याय 4 में, इस प्रकार की बात कही गई है संगति से हम पाते हैं कि पवित्र चाल का यह मामला उठता है। पॉल हमारे स्वर्गीय प्रकाश में आगे बढ़ता है बुला रहा है, हमें हमारे पूरे क्षेत्र में चुनौती देने के लिए घरेलू और सार्वजनिक दोनों तरह के रिश्ते, पड़ोसियों, पतियों और पत्नियों, माता-पिता और बच्चों, नियोक्ताओं और नौकरीपेशा लोगों के प्रति, सभी के प्रति अत्यंत यथार्थवादी तरीके से।

हमें यह स्पष्ट कर देना चाहिए कि मसीह का शरीर कुछ दूरस्थ और अवास्तविक, केवल व्यक्त किया जाना स्वर्गीय शब्दों में। यह बहुत ही वर्तमान और व्यावहारिक है, हमारे आचरण की असली परीक्षा हमारे संबंधों में होती है दूसरों के साथ। जबकि यह सच है कि हम एक स्वर्गीय हैं हे लोगो, दूर के स्वर्ग की बात करना बेकार है।

जब तक हम अपने घर में स्वर्गीयता नहीं लाते और कार्यालयों, हमारी दुकानों और रसोईघरों में इसका अभ्यास करें वहाँ, यह अर्थहीन होगा। क्या मैं सुझाव दे सकता हूँ प्रिय मित्रों, जो माता-पिता हैं और जो बच्चे हैं वे नये सिरे से देखें यह देखने का प्रमाण है कि माता-पिता को कैसा होना चाहिए और बच्चों को क्या होना चाहिए? हमें आश्चर्य हो सकता है, क्योंकि मुझे डर है हम जो कहते हैं कि हम स्वर्ग में बैठे हैं अनेक मसीह में हमारे आचरण में बहुत ही संदिग्धता प्रदर्शित होती है घर भी हैं, पति भी हैं, पत्नियाँ भी हैं; उनके लिए काफी सारे अंश हैं। इफिसियों 5 पढ़ें, और फिर 1 कुरिन्थियों 7 खोलें। हर पति और हर पत्नी के लिए अच्छा होगा यह जानने के लिए कि बाद वाला अध्याय क्या है, ध्यानपूर्वक पढ़ें वास्तविक विवाहित जीवन- ईश्वर के समक्ष एक आध्यात्मिक जीवन और सिर्फ़ सिद्धांत में नहीं- मांगें। आप सिद्धांत बनाने की हिम्मत नहीं करते एक ऐसी चीज़ के बारे में जो बहुत व्यावहारिक है।

अब देखिए, ईसाई रिश्तों के क्षेत्र में, हमारे सामने इस भाग में परमेश्वर की आज्ञाएँ कितनी स्पष्ट हैं। 'चलें ... एक दूसरे की सहनशीलता रखो। झूठ बोलना छोड़कर तुम सब अपने अपने मन से सत्य बोलो। 'तुम क्रोध करो, और पाप मत करो।' 'चोरी मत करो 'और अधिक.' 'सारी कड़वाहट ... अपने से दूर हो जाए.' एक दूसरे को क्षमा करना।' 'तुम दयालु बनो एक दूसरे के प्रति अपने को दोषी न ठहराओ।' 'उकसाओ

मत।' आज्ञाकारी.' 'धमकी देना छोड़ो. कुछ नहीं हो सकता
अनिवार्यताओं की इस सूची से अधिक यथार्थवादी।
...मैं आपको याद दिला दूं कि प्रभु यीशु स्वयं प्रभु यीशु ने इसी बात से अपनी शिक्षा आरंभ की।
इस अंश के शब्दों पर ध्यानपूर्वक ध्यान दें से उनका पहाड़ी उपदेश:
'तुमने सुना है कि यह कहा गया था, आंख के बदले आंख, और दांत के बदले दांत: परन्तु मैं तुम से कहता हूं, कि बुरे का साम्हना मत करो; परन्तु जो बुरा है उसका साम्हना मत करो; जो कोई तेरे दाहिने गाल पर थप्पड़ मारे, उसकी ओर फिर जा। उसे दूसरे को भी। और अगर कोई आदमी कानून के पास जाना चाहे तुम्हारे साथ, और अपना कोट ले लो, उसे अपना ले लो और जो कोई भी तुम्हें जाने के लिए मजबूर करेगा एक मील, उसके साथ दो मील चलो। उसे वह दो मील दे दो तुमसे पूछता है, और उससे उधार मांगो जो तुम उससे दूर मत हो। तुमने सुना है कि
कहा गया था, 'तुम अपने पड़ोसी से प्यार करोगे और अपने पड़ोसी से नफरत करोगे' शत्रु: परन्तु मैं तुम से कहता हूं, कि अपने शत्रुओं से प्रेम रखो, अपने सताने वालों के लिए प्रार्थना करो, कि तुम अपने स्वर्गीय पिता के पुत्रों, क्योंकि वह वह अपना सूर्य अच्छे और बुरे दोनों पर उदय करता है , धर्मी और अधर्मी दोनों पर वर्षा बरसाता है। क्योंकि यदि तुम जो तुम से प्रेम रखते हैं, उन्हीं से प्रेम रखो, तो तुम्हारे लिये क्या प्रतिफल होगा? क्या चुंगी लेनेवाले भी एक समान नहीं हैं? और यदि तुम केवल अपने भाइयों को नमस्कार करो, तो औरों से क्या अधिक करते हो? क्या अन्यजाति भी एक समान नहीं हैं? इसलिये तुम सिद्ध बनो, जैसा तुम्हारा स्वर्गीय पिता सिद्ध है।'
(मत्ती 5:38-48)
'परन्तु तुम कहते हो, 'मैं यह नहीं कर सकता।' ये हैं असंभव मांगें।' हो सकता है, मेरे इंजीनियर
दोस्त की तरह, आपको लगे कि आपके साथ अन्याय हुआ है-शायद

बहुत बुरा हुआ है - और आप खुद को नहीं ला सकते माफ़ करना। आप सही थे, और आपके दुश्मन का कार्रवाई पूरी तरह से अन्यायपूर्ण है। उससे प्यार करना शायद आदर्श तो है, लेकिन असंभव है।

पिता की पूर्णता

जिस दिन से आदम ने फल खाया ज्ञान के वृक्ष पर बैठकर मनुष्य यह निर्णय करने में लगा हुआ है
कि क्या अच्छा है और क्या बुरा। मनुष्य ने अधिकार और नैतिकता के अपने स्वयं के मानक बना लिए हैं गलत, न्याय और अन्याय, और जीने का प्रयास बेशक हम ईसाई होने के नाते अलग हैं। हाँ, लेकिन हम किस तरह से अलग हैं? चूँकि हम थे धर्मनिष्ठा की एक नई भावना उत्पन्न हुई है हममें भी विकास हुआ है, जिसके परिणामस्वरूप हम भी हैं, बिल्कुल सही, अच्छाई के सवाल पर विचार किया और बुराई। लेकिन क्या हमने महसूस किया है कि हमारे लिए क्या शुरुआती बिंदु अलग है? मसीह हमारे लिए है जीवन का वृक्ष। हम इस मामले से शुरू नहीं करते नैतिक सही और गलत। हम उससे शुरू नहीं करते हम उससे शुरू करते हैं; और हमारे लिए पूरा प्रश्न जीवन का है।

इससे अधिक नुकसान हमारी किसी भी चीज़ का नहीं हुआ है दूसरों से सही होने की मांग करने और सही होने की कोशिश करने की तुलना में हम ईसाई गवाही देते हैं ।
क्या सही है और क्या नहीं, इस बात पर चिंतित रहते हैं। हम खुद से पूछते हैं, क्या हमने न्याय किया है या अन्याय और हम अपने कार्यों को सही साबित करने के लिए ऐसा सोचते हैं।

लेकिन यह हमारा मानक नहीं है। हम में से एक क्रॉस-बेयरिंग है। आप मुझसे पूछते हैं, ;क्या यह सही है क्या कोई मेरे गाल पर थप्पड़ मारने वाला है?' मैं जवाब देता हूँ, 'बिल्कुल नहीं!
लेकिन सवाल यह है कि क्या आप सिर्फ़ सही होना चाहते हैं?'
ईसाइयों के रूप में हमारा जीवन स्तर कभी भी उच्च नहीं हो सकता

'सही या गलत', लेकिन क्रॉस। क्रॉस हमारे आचरण का सिद्धांत है। परमेश्वर की स्तुति हो कि वह अपने सूर्य को बुराई और अच्छाई दोनों पर चमकाता है।
उसके लिए यह उसकी कृपा का प्रश्न है, न कि उसकी कृपा का सही या गलत। लेकिन यही हमारा मानक भी होना चाहिए:

'जैसा परमेश्वर भी मसीह में है, वैसे ही एक दूसरे के अपराध क्षमा करो। तुम्हें क्षमा किया' (4. 32)। 'सही या गलत'
अन्यजातियों और कर संग्रहकर्ताओं का सिद्धांत है। मेरा जीवन क्रॉस के सिद्धांत द्वारा शासित होना चाहिए और पिता की पूर्णता के बारे में: 'इसलिए तुम होगे सिद्ध बनो, जैसा तुम्हारा स्वर्गीय पिता सिद्ध है।

एक भाई की सच्ची कहानी

दक्षिण चीन में एक भाई के पास चावल का खेत था पहाड़ी के बीच में। सूखे के समय में वह एक का उपयोग करता था पानी उठाने के लिए ट्रेड-मिल द्वारा संचालित जल-पहिया सिंचाई की धारा से अपने खेत में। पड़ोसी के पास उसके खेत से नीचे दो खेत थे, और, एक रात, उसने विभाजनकारी तट में एक दरार बना दी और पानी का बहाव उसका सारा पानी। जब परेशानी ने दरार की मरम्मत की और अधिक पानी पंप किया उसके पड़ोसी ने वही बात फिर दोहराई गई और यह तीन या चार बार दोहराया गया। हमारे समय के . इसलिए उसने अपने भाइयों से सलाह ली. 'मैंने कोशिश की है उन्होंने कहा, 'धैर्य रखना और प्रतिशोध न लेना, लेकिन क्या यह
सही है?' इसके बारे में एक साथ प्रार्थना करने के बाद, एक ने कहा, 'यह सही है?' उनमें से एक ने कहा, 'अगर हम केवल सही काम करने की कोशिश करें, निश्चित रूप से हम बहुत गरीब ईसाई हैं। हमें यह करना होगा जो सही है उससे कुछ अधिक।' भाई अगली सुबह उसने

पंप किया नीचे के दो खेतों में पानी, और दोपहर में उसने अपने खेत के लिए पानी पंप किया। उसके बाद उसके खेत में पानी रुक गया। उसका पड़ोसी इतना उसकी हरकत पर इतना हैरान हुआ कि उसने पूछताछ शुरू कर दी कारण, और समय के साथ वह भी एक बन गया ईसाई.

इसलिए, मेरे भाइयो, अपनी दाईं ओर खड़े मत रहो। ऐसा मत सोचिए कि चूँकि आप दूसरा
मील चल चुके हैं, इसलिए आपने वही किया जो उचित था। दूसरा मील ही न्याय है। केवल तीसरे और चौथे की विशिष्टता। सिद्धांत मसीह के अनुरूप होना है। हमारे पास है हमारे पास समर्थन करने के लिए कुछ नहीं है, मांगने या मांग करने के लिए कुछ नहीं है। देने के लिए केवल एक ही चीज़ है। जब प्रभु यीशु मसीह की मृत्यु हुई क्रॉस, उसने ऐसा हमारे 'अधिकारों' की रक्षा के लिए नहीं किया; यह हमारे लिए एक महान बलिदान था। अनुग्रह जो उसे वहाँ ले गया। अब, उसके बच्चों के रूप में, हम हमेशा दूसरों को उनका हक देने की कोशिश करें और हमें खुद को यह याद दिलाना होगा कि हम अक्सर सही नहीं है। हम असफल होते हैं, और सीखना हमेशा अच्छा होता है अपनी असफलताओं को स्वीकार करने के लिए तैयार रहना और
ऐसा करने के लिए जो भी आवश्यक है उससे आगे जाने के लिए तैयार रहना।

प्रभु यही चाहते हैं। क्यों? "ताकि तुम परमेश्वर के पुत्र बन सको। तुम्हारा स्वर्गीय पिता' (मत्ती 5:45) प्रश्न व्यावहारिक पुत्रत्व का है। सच है, परमेश्वर ने 'हमें पुत्रों के रूप में गोद लेने के लिए पूर्वनिर्धारित किया यीशु मसीह' (1. 5), लेकिन हम यह गलती करते हैं यह सोचना कि हम पहले ही 'वयस्क हो चुके हैं' - कि हम पहले से ही परिपक्व बेटे हैं। माउंट हमें सिखाता है कि बच्चे सर्वोच्च स्थान प्राप्त करते हैं। बेटों की जिम्मेदारी उस सीमा तक है जिस सीमा तक वे उनके साथ आत्मा और

दृष्टिकोण की स्पष्ट रिश्तेदारी पिता। हमें प्रेम में 'सिद्ध' बनने के लिए बुलाया गया है, ताकि हम
उसका अनुग्रह प्रकट कर सकें। इसलिए पौलुस भी लिखता है:
'इसलिए तुम भी सिद्ध बनो प्यारे बच्चों की तरह परमेश्वर की नकल करें; और उसके अनुसार चलें प्रेम करो, जैसा कि मसीह ने भी तुमसे प्रेम किया और खुद को तुम्हारे लिए तैयार करो' (5.1,2, एमजी.)
हम एक चुनौती का सामना कर रहे हैं। मैथ्यू 5 सेट एक ऐसा मानक जो हमें असंभव रूप से ऊंचा लग सकता है, और इफिसियों के इस भाग में पौलुस इसका समर्थन करता है।

दिक्कत यह है कि हम अपने अंदर कुछ नहीं ढूंढ पाते स्वभाव से ही उस मानक को प्राप्त करने का साधन है- 'संतों के अनुसार चलो' (5. 3)। तो फिर, यह कहाँ है? हमारी समस्या का उत्तर क्या है ?
रहस्य, पॉल के शब्दों में, 'वह
शक्ति है जो हमारे अंदर काम करती है' (3. 20)। एक समानांतर मार्ग में (कुलुस्सियों 1:1-2)। 1. 29) वह कहता है: 'मैं भी परिश्रम करता हूं, प्रयास करता हूं उसके कार्य, जो मुझ में शक्तिशाली रूप से कार्य करते हैं।

हम फिर से पहले भाग में वापस आ गए हैं इफिसियों। मसीही जीवन की गुप्त शक्ति क्या है
? इसकी शक्ति कहाँ से आती है? मैं आपको बताता हूँ मैं आपको एक वाक्य में उत्तर देता हूँ: ईसाई का रहस्य यह है मसीह में उसका विश्राम। उसकी शक्ति उसके ईश्वर-
प्रदत्त पद से प्राप्त होती है। जो लोग बैठते हैं वे चल सकते हैं, क्योंकि ईश्वर के बारे में विचार एक दूसरे के बाद
स्वतः ही आते हैं। हम हमेशा के लिए मसीह के साथ बैठते हैं कि हम पुरुषों के आगे लगातार चल सकती है।

एक के लिए त्यागना क्षण भर में उसमें हमारा विश्राम स्थान बन जाएगा, और तुरन्त हम भटक गए हैं और दुनिया में हमारी गवाही लेकिन मसीह में बने रहो, और वहाँ हमारी स्थिति यहाँ उसके योग्य चलने की शक्ति सुनिश्चित करता है। अगर यदि आप इस प्रकार की प्रगति का उदाहरण चाहते हैं, तो
सबसे पहले, दौड़ में भाग लेने वाले धावक के बारे में नहीं, बल्कि एक धावक के बारे में सोचें। एक कार में बैठा आदमी, या फिर बेहतर होगा कि एक पावर-चालित विकलांग गाड़ी में बैठा एक अपंग। वह क्या करता है? वह जाता है- लेकिन वह बैठता भी है। और वह चलता रहता है क्योंकि वह बैठा रहता है। उसकी प्रगति इस बात पर निर्भर करती है कि वह किस प्रकार आगे बढ़ता है। वह जिस पद पर नियुक्त किया गया है। बेशक, यह ईसाई धर्म की एक आदर्श तस्वीर नहीं है जीवन, लेकिन यह हमें यह याद दिलाने का काम कर सकता है कि हमारा आचरण और व्यवहार मूलतः
मसीह में हमारे आंतरिक विश्राम पर निर्भर करता है।

यहाँ पॉल की भाषा स्पष्ट है। उसने पहले बैठना सीखा है। वह आराम की जगह पर आ गया है। भगवान। परिणामस्वरूप उसका चलना उसके प्रयास नहीं बल्कि परमेश्वर की शक्तिशाली आंतरिक कार्यशैली पर निर्भर है। उसकी ताकत का राज यहीं छिपा है। पॉल ने खुद देखा है मसीह में बैठा हुआ; इसलिए मनुष्यों के सामने उसका चलना इसका चरित्र उसमें निवास करने वाले मसीह से लिया गया है।
इसमें कोई आश्चर्य नहीं कि वह इफिसियों के लिए प्रार्थना करता है:

"ताकि मसीह तुम्हारे हृदयों में वास करे 'विश्वास' (3.17)।
मेरी कलाई घड़ी कैसी चलती है? पहले, या स्थानांतरित होने से? बेशक ऐसा इसलिए होता है क्योंकि पहले तो यह अपने से बाहर की शक्ति

द्वारा संचालित होता है। फिर यह केवल वही काम करेगा जिसके लिए इसे डिज़ाइन किया गया था।

और ऐसे कार्य भी हैं जिनके लिए हम भी बने हैं। 'हम उसकी कृति हैं, मसीह यीशु में सृजे गए हैं अच्छे कामों के लिए, जिन्हें परमेश्वर ने पहले से ही हमारे लिए तैयार किया था उनमें चलना चाहिए' (2. 10)। 'अपना खुद का काम करो डर और कांप के साथ उद्धार, 'पॉल ने लिखा फिलिप्पियों, 'क्योंकि परमेश्वर ही है जो तुम में कार्य करता है उसकी प्रसन्नता के लिए इच्छा करना और कार्य करना।' भगवान् इसे कार्यान्वित कर रहे हैं; इसे कार्यान्वित करें! यही रहस्य है।

लेकिन जब तक हम परमेश्वर से यह अपेक्षा नहीं करते कि वह हमारे अंदर भी काम करे, तब तक यह असंभव है। हमारे लिए इसे हल करने की कोशिश करना बेकार है। अक्सर हम कोशिश करते हैं नम्र और सौम्य, बिना यह जाने कि इसका क्या अर्थ है परमेश्वर हम में नम्रता और सौम्यता का कार्य करे मसीह। हम प्रेम दिखाने की कोशिश करते हैं, और पाते हैं कि हमारे पास प्रेम है कोई नहीं, हम प्रभु से प्रेम मांगते हैं। तब हम आश्चर्य की बात है कि वह हमें यह नहीं देता है। मैं फिर से एक पुराना उदाहरण लेता हूँ।

शायद कोई ऐसा भाई हो जिसे तुम पाओ बहुत ही कठिन और जिसके साथ आप लगातार हैं मुश्किलों में पड़ना। जब भी तुम उससे मिलो वह कुछ ऐसा कहता या करता है जिससे उत्तेजना पैदा हो तुममें नाराज़गी है। यह तुम्हें परेशान करता है। तुम कहते हो: 'मैं एक मैं ईसाई हूँ और मुझे उससे प्यार करना चाहिए। मैं उससे प्यार करना चाहता हूँ; वास्तव में मैं उससे प्रेम करने के लिए दृढ़ निश्चयी हूँ!' और इसलिए आप बहुत ईमानदारी से प्रार्थना करें: 'हे प्रभु, मेरे प्रति प्रेम बढ़ाइए 'हे भगवान, मुझे प्यार दो!' फिर, एक मजबूत पकड़ लेते हुए अपने आप पर और अपनी

सारी इच्छा शक्ति को एकत्रित करके, आप उसे दिखाने की सच्ची इच्छा के साथ आगे बढ़ते हैं वह प्रेम जिसके लिए तुमने प्रार्थना की है। लेकिन अफ़सोस, जब आप उसकी उपस्थिति में आते हैं तो कुछ घटित होता है आपके सभी अच्छे इरादों को बेकार कर देना। आपकी प्रतिक्रिया बिल्कुल भी उत्साहवर्धक नहीं है, लेकिन बल्कि इसके विपरीत, और तुरंत आपकी पुरानी
नाराजगी भड़क उठती है, और एक बार फिर से अत्यंत आप जो कर सकते हैं, वह है उसके प्रति विनम्र होना। ऐसा क्यों? उस प्यार को पाने में वे निश्चित रूप से गलत नहीं थे भगवान? नहीं, लेकिन उस प्रेम की तलाश में आप गलत थे अपने आप में कुछ, एक तरह का पैकेज- वस्तु, जब भगवान की इच्छा व्यक्त करना है तुम्हारे द्वारा उसके पुत्र का प्रेम।

कहो भगवान ने हमें मसीह दे दिया है। अब कुछ भी नहीं है हमें उसके बाहर से पवित्र आत्मा प्राप्त करने की आवश्यकता है। हम में मसीह की बातें उत्पन्न करने के लिए भेजा गया है; नहीं उससे अलग या उससे बाहर की कोई भी चीज़ बनाने के लिए। हम उसकी शक्ति से मजबूत होते हैं आन्तरिक मनुष्य में आत्मा:... प्रेम को जानने के लिए मसीह' (3.16, 19)। जो हम बाहरी रूप से दिखाते हैं,
वही परमेश्वर ने पहले हमारे भीतर डाला है।

एक बार फिर से महान शब्दों को याद करें 1 कुरिन्थियों 1.30. न केवल परमेश्वर ने हमें
मसीह में स्थापित किया। उसके द्वारा मसीह यीशु भी बनाया गया था हमें परमेश्वर से बुद्धि, और धार्मिकता और पवित्रीकरण और मुक्ति।' यह उनमें से एक है पवित्रशास्त्र में सबसे भव्य कथन। वह 'बनाया गया था हमारे लिए ...'। अगर हम इस पर विश्वास करते हैं, तो हम वहां डाल सकते हैं हमें जो कुछ भी चाहिए, वह हमें मिल सकता है और हम जान सकते हैं कि परमेश्वर ने हमें दिया है इसे अच्छा बनाया; क्योंकि,

हमारे भीतर पवित्र आत्मा के द्वारा प्रभु यीशु स्वयं हमारे लिए बने हैं जो कुछ भी हमारे पास नहीं है। हम इसके आदी हो चुके हैं पवित्रता को एक गुण के रूप में देखें, विनम्रता को एक प्रेम पर अनुग्रह, एक उपहार के रूप में जिसे परमेश्वर से मांगा जाना चाहिए।

परन्तु परमेश्वर का मसीह स्वयं वह सब कुछ है जो हम चाहते हैं। कभी जरूरत पड़ेगी।

कई बार जरूरत पड़ने पर मैं सोचता था मसीह को एक व्यक्ति के रूप में अलग कर दिया, और मैं

उन चीजों के साथ व्यावहारिक रूप से अपनी पहचान बनाने में विफल रहा, जिन्हें मैंने महसूस किया की कमी बहुत ज़्यादा है। पूरे दो साल तक मैं

उस तरह के अंधेरे में टटोलता रहा, इकट्ठा करने की कोशिश करता रहा वे गुण जिनके बारे में मुझे यकीन था कि उन्हें बनाना चाहिए ईसाई जीवन, और प्रयास में कहीं भी नहीं पहुंचना।

और फिर एक दिन - यह वर्ष 1933 था - प्रकाश मेरे लिए स्वर्ग से टूटा, और मैंने देखा कि परमेश्वर ने मसीह को मेरे लिए अपने हाथों में सौंप दिया है। परिपूर्णता। कितना अंतर है! ओह, खालीपन 'चीजें'! मसीह के साथ हमारे संबंध से बाहर वे हमारे द्वारा आयोजित की जाती हैं मर चुके हैं। एक बार जब हम इसे देखेंगे तो यह शुरुआत होगी हमारे लिए एक नए जीवन की शुरुआत होगी। हमारी पवित्रता का वर्णन किया जाएगा उसके बाद बड़े अक्षर H के साथ, बड़े अक्षर के साथ हमारा प्यार एल. वह स्वयं हम सबके लिए उत्तर के रूप में प्रकट होता है भगवान की मांग.

अब उस मुश्किल भाई के पास वापस जाओ, लेकिन यह समय आ गया है, जाने से पहले भगवान से इस प्रकार कहो: 'हे प्रभु, यह मुझे अंततः यह स्पष्ट हो गया कि मैं अपने आप में उससे प्रेम नहीं कर सकता सब

कुछ; लेकिन अब मुझे पता है कि मेरे भीतर एक जीवन है, आपके पुत्र का जीवन, और उस जीवन का नियम है प्यार। वह उससे प्यार किए बिना नहीं रह सकता। उसे प्यार करने की कोई ज़रूरत नहीं है अपने आप को परिश्रम करो। उस पर भरोसा रखो। उसके जीवन पर भरोसा रखो।

इस प्रकार हिम्मत करके उस भाई से मिलो और उससे बात करो उसे- और यहाँ आश्चर्यजनक बात है! बिलकुल
अनजाने में (और मैं इस शब्द पर जोर देना चाहूँगा अचेतन रूप से', क्योंकि चेतना केवल तभी आती है बाद में) आप पाते हैं कि आप सबसे अधिक बोल रहे हैं उसके प्रति सुखद; बिलकुल अनजाने में आप प्यार करते हैं उसे; बिल्कुल अनजाने में आप उसे अपने रूप में जानते हैं भाई। आप उसके साथ खुलकर और सच्ची बातचीत करते हैं संगति, और वापस लौटने पर आप खुद को पाते हैं आश्चर्य से कहा: 'क्यों, मैंने व्यायाम नहीं किया अभी मुझे ज़रा सी भी चिंता नहीं थी, और फिर भी मैंने ज़रा भी चिड़चिड़ा न बनें! कुछ मामलों में प्रभु मेरे साथ थे और उनका प्रेम विजयी हुआ।'
हमारे अंदर उनके जीवन का संचालन सच्चे अर्थों में है स्वतःस्फूर्त, अर्थात् यह बिना किसी प्रयास के होता है हमारा सबसे महत्वपूर्ण नियम 'कोशिश' करना नहीं है, बल्कि 'प्रयास' करना है। 'भरोसा', अपनी ताकत पर निर्भर न होना बल्कि उसके ऊपर। क्योंकि यह जीवन का प्रवाह है जो प्रकट करता है हम वास्तव में 'मसीह में' क्या हैं। यह फाउंटेन से है जीवन का वह मीठा जल जो जारी करता है।

हममें से बहुत से लोग ईसाई बनकर कार्य करते हुए पकड़े जाते हैं। आज बहुत से ईसाइयों का जीवन काफी हद तक
दिखावा है। वे 'आध्यात्मिक' जीवन जीते हैं, 'आध्यात्मिक' बातें करते हैं भाषा, 'आध्यात्मिक' दृष्टिकोण अपनाते हैं, लेकिन वे सारा काम खुद ही

करना। यह प्रयास है इसमें शामिल लोगों को यह बताना चाहिए कि कुछ गलत है। वे खुद को इससे दूर रहने के लिए मजबूर करते हैं ऐसा करने से, वैसा कहने से, दूसरे को खाने से, और उन्हें यह सब कितना मुश्किल लगता है! यह बिलकुल वैसा ही है जैसे
हम चीनी लोग किसी ऐसी भाषा में बात करने की कोशिश करते हैं जो उनके लिए नहीं है हमारा अपना। चाहे हम कितनी भी कोशिश कर लें, यह नहीं होता अनायास; हमें बात करने के लिए खुद को मजबूर करना पड़ता है उस तरह से। लेकिन जब बात अपनी बात कहने की आती है भाषा, इससे आसान कुछ नहीं हो सकता। तब भी जब हम हम जो कुछ भी कर रहे हैं, उसे भूलकर भी हम वही बोलते हैं। यह हमारे पास बिल्कुल स्वाभाविक रूप से आता है, और इसकी
सहजता ही सभी को बताती है कि हम क्या हैं।

हमारा जीवन मसीह का जीवन है, जो हमारे भीतर मध्यस्थता करता है स्वयं पवित्र आत्मा का निवास, और कि जीवन स्वतःस्फूर्त है। जिस क्षण हम इस तथ्य को समझ लेंगे, हम अपना संघर्ष समाप्त कर देंगे और अपनी सारी इच्छाओं को त्याग देंगे। दिखावा। परिवार के जीवन के लिए इससे ज्यादा दुखदायी कुछ नहीं है अभिनय के रूप में ईसाई: जब हमारे बाहरी प्रयास बंद हो जाते हैं और हमारा दृष्टिकोण बदल जाता है स्वाभाविक- जब हमारे शब्द, हमारी प्रार्थनाएँ, हमारी बहुत जीवन, सब कुछ सहज और अप्रत्याशित हो जाता है भीतर के जीवन की अभिव्यक्ति। क्या हमने पाया है भगवान कितने अच्छे हैं? तो फिर हमारे अंदर भी वे उतने ही अच्छे हैं
! क्या उनकी शक्ति महान है? तो फिर हमारे अंदर भी यह कम नहीं है बहुत बढ़िया! परमेश्वर की स्तुति हो, उसका जीवन पहले की तरह ही शक्तिशाली है, और उन लोगों के जीवन में जो परमेश्वर के वचन पर विश्वास करने का साहस करते हैं ईश्वर का दिव्य जीवन एक ऐसी

शक्ति में प्रकट होगा जो जो पहले की अपेक्षा
कुछ कम शक्तिशाली है ।
हमारे प्रभु का क्या अभिप्राय है जब वे कहते हैं:

'यदि तुम्हारा धर्म उस से बढ़कर न हो, शास्त्रियों और फरीसियों की धार्मिकता का पालन करो, 'क्या तुम स्वर्ग के राज्य में कभी प्रवेश नहीं करोगे? (मत्ती 5. 20)

हमने ऊपर देखा कि वह किस प्रकार आगे बढ़ता है मूसा की व्यवस्था की अपेक्षाओं
और अपनी स्वयं की अत्यधिक माँगों के बीच अन्तर स्पष्ट कीजिए, उनके द्वारा बार-बार इन शब्दों का प्रयोग करने से: 'तुमने सुना है लेकिन मैं तुमसे कहता हूं.. लेकिन चूंकि कहा गया था कि पहले से ही, कई शताब्दियों से, पुरुष यह प्रयास कर रहे थे प्रथम स्तर तक पहुँचे और असफल हो गए, कैसे क्या प्रभु स्तर को और ऊंचा उठाने का साहस कर सकते हैं फिर भी? वह ऐसा केवल इसलिए कर सका क्योंकि उसे विश्वास था वह अपना जीवन बेहतर बनाने से नहीं डरता। खुद पर मांगें थोपना। वास्तव में हमें परमेश्वर के नियमों को पढ़ने में आराम मिल सकता है मत्ती अध्याय 5 से 7 में बताए गए राज्य के बारे में, क्योंकि वे दिखाते हैं कि प्रभु को अपने राज्य पर कितना पूरा भरोसा है अपना जीवन अपने बच्चों के लिए उपलब्ध करा दिया।
इन तीन अध्यायों में ईश्वरीय कराधान का वर्णन किया गया है दिव्य जीवन। हमसे उनकी माँगों की महानता इससे केवल यह पता चलता है कि वह संसाधनों के बारे में कितना आश्वस्त है उसने हमारे भीतर वह सब कुछ डाल दिया है जो हमें पूरा करने के लिए पर्याप्त है परमेश्वर वह आज्ञा नहीं देता जो वह नहीं चाहता प्रदर्शन; लेकिन हमें खुद को वापस फेंकना होगा इस प्रदर्शन के लिए उन्हें बधाई।

क्या हमारे सामने कोई कठिन परिस्थिति आती है? सही या गलत, अच्छा या बुरा की समस्या? हम करते हैं अब हमें ज्ञान की तलाश करने की ज़रूरत नहीं है। ज्ञान के वृक्ष पर लागू करें। हमारे पास मसीह है, और वह हमारे लिए परमेश्वर की ओर से बुद्धि बना है। मसीह यीशु में जीवन की आत्मा निरन्तर हमें अपने सही और गलत के मानकों के बारे में बताता है गलत, और, उनके साथ, आत्मा का रवैया जिससे कठिन परिस्थिति का सामना किया जा सके।

हमारी भावनाओं को चोट पहुंचाने वाली और भी चीजें सामने आएंगी धार्मिकता की ईसाई भावना और क्या परीक्षण करने के लिए हमारी प्रतिक्रियाएँ कैसी होंगी। हमें यह सीखने की ज़रूरत है क्रॉस का सिद्धांत - कि हमारा मानक नहीं है अब पुराना नहीं बल्कि नया मनुष्य जो परमेश्वर के अनुसार है धार्मिकता और पवित्रता में बनाया गया है सत्य' (4.22-24) 'प्रभु, मेरे पास बचाव करने के लिए कोई अधिकार नहीं है।

मेरे पास जो कुछ भी है वह आपकी कृपा से है, और सब कुछ आप में है!' मैं एक बूढ़ी जापानी
ईसाई महिला को जानता था जो एक चोर से परेशान थी जो उसके घर में घुस आया था। उसकी सरल लेकिन प्रभु में व्यावहारिक विश्वास, उसने उस आदमी को पकाया भोजन- फिर उसे अपनी चाबियाँ देने की पेशकश की। वह शर्मिंदा था उसके कार्य से और भगवान ने उससे बात की। उसके माध्यम से यह गवाही है कि आज मनुष्य मसीह में भाई है।

बहुत से ईसाईयों के पास सभी सिद्धांत हैं लेकिन वे ऐसा जीवन जीते हैं जो इसके विपरीत है। वे जानते हैं इफिसियों के अध्याय 1 से 3 के बारे में सब कुछ लेकिन वे नहीं करते अध्याय 4 से 6 को व्यवहार में लाना

बेहतर होगा। कोई सिद्धांत न होना विरोधाभास से अधिक है। भगवान ने कुछ आदेश दिया है? तो खुद को फेंक दो जो कुछ करने के लिए परमेश्वर के पास साधन है, उसके लिए परमेश्वर पर निर्भर रहें आज्ञा दी। प्रभु हमें सिखाएँ कि संपूर्ण ईसाई जीवन का सिद्धांत यह है कि हम इससे आगे बढ़ें जो काम अच्छा लगे वही करना उचित है उसे।

समय का सदुपयोग

लेकिन अभी भी कुछ और होना बाकी है हमारे मसीही जीवन के विषय पर ऊपर दिए गए कथन में और भी कुछ जोड़ा गया है।
शब्द 'चलना', जैसा कि पहले से ही होना चाहिए स्पष्ट है, एक और अर्थ। यह पहले
आचरण या व्यवहार का सुझाव देता है, लेकिन इसमें यह भी शामिल है प्रगति का विचार। 'चलना' का अर्थ है 'आगे बढ़ना', 'अनुसरण करना' 'पर, और हम अब संक्षेप में इस पर विचार करना चाहते हैं लक्ष्य की ओर हमारी प्रगति का एक और मामला। 'इसलिए ध्यान से देखो कि तुम कैसे चलते हो, न कि मूर्खों की तरह, लेकिन बुद्धिमानों की तरह; समय का सदुपयोग करो, क्योंकि दिन बुरे हैं। इसलिए मूर्ख न बनो, बल्कि समझो प्रभु की इच्छा क्या है' (5.15-17)।

आप देखेंगे कि उपरोक्त श्लोक में समय और प्रकृति के विचार के बीच एक संबंध बुद्धिमानी और मूर्खता के बीच का अंतर। 'चलना ... बुद्धिमान बनो, समय का सदुपयोग करो; मूर्ख मत बनो।

यह महत्वपूर्ण है। मैं अब आपको दो बातें याद दिलाना चाहता हूँ अन्य अंश जिनमें ये बातें इसी प्रकार हैं एक साथ लाया गया:
....'तब स्वर्ग के राज्य की तुलना की जाएगी दस कुंवारियों को... उनमें से पाँच मूर्ख थीं, और मूर्खों के लिए पाँच बुद्धिमान थे, जब उन्होंने अपना लिया दीपक, अपने साथ तेल नहीं ले गए.... लेकिन आधी रात को वहाँ धूम मची है, 'देखो, दूल्हा आ रहा है!' वे सब कुँवारियाँ उससे मिलने के लिए आगे बढ़ीं। तब वे सब कुँवारियाँ उठ खड़ी हुईं, और अपनी मशालें ठीक कर लीं। और मूर्खों ने कहा, हमारा दीपक बुझ रहे हैं... और जब वे चले गए खरीदने के लिए दूल्हा आया; और जो लोग थे उसके साथ

विवाह भोज में जाने के लिए तैयार हो गया, और दरवाज़ा बंद था। बाद में दूसरा भी आया कुँवारियाँ...' (देखें मत्ती २५:१-१३)।'और मैंने देखा, और देखो मेम्ना खड़ा है सिय्योन पर्वत और उसके साथ एक सौ चालीस और चार हज़ार, उसके नाम और नाम के निवासी उनके अग्रभाग पर उनके पिता के नाम की चिट्ठियाँ लिखी हुई हैं.... ये हैं कुँवारियाँ। ये वे हैं जो मेम्ने के पीछे-पीछे जाती हैं जहाँ कहीं वह जाता है। इन्हें खरीदा गया था मनुष्यों के बीच, परमेश्वर के लिए पहला फल होने के लिए और मेम्ने के लिए। और उनके मुंह में कुछ नहीं मिला झूठ: वे निर्दोष हैं' (देखें प्रका. 14: 1-5)।

धर्मशास्त्र में ऐसे कई अंश हैं जो हमें भरोसा दिलाओ कि जो काम भगवान ने शुरू किया है, वह उसे पूरा भी करेगा।
हमारा उद्धारकर्ता पूरी तरह से उद्धारकर्ता है। नहीं अंत में ईसाई विश्वासी 'आधे-बचाए' जायेंगे, भले ही अब यह किसी भी अर्थ में हमारे बारे में कहा जा सकता है।

परमेश्वर हर उस मनुष्य को सिद्ध करेगा जो उस पर विश्वास रखता है। हम यही मानते हैं और हमें इसे अपने अंदर बनाए रखना चाहिए। हम जो कहने जा रहे हैं उसके लिए पृष्ठभूमि के रूप में मन पॉल के साथ, हम इस बात पर 'पूरी तरह आश्वस्त हैं बात यह है कि जिस ने तुम में अच्छा काम आरम्भ किया है, वह यीशु मसीह के दिन तक इसे पूरा करो' (फिलि. 1.6)।

परमेश्वर की शक्ति की कोई सीमा नहीं है। वह सब कुछ करने में सक्षम है। तुम्हें उसकी महिमा की उपस्थिति के सामने खड़ा कर दे, 'दोषी' (यहूदा 24; और देखें: 2 तीमु. 1:12; इफिसियों 3:20)।

हालाँकि, जब हम व्यक्तिपरक की ओर मुड़ते हैं इसका एक पहलू यह

है कि इसका व्यावहारिक कार्यान्वयन हमारे
जीवन में यहाँ और अभी पृथ्वी पर होता है, जिसका हम सामना करते हैं। समय का सवाल। प्रकाशितवाक्य 14 में कुछ ऐसे प्रश्न हैं प्रथम फल (श्लोक 4) और कटनी (श्लोक 15) है।

फसल और फसल के बीच क्या अंतर है? प्रथम फल? यह निश्चित रूप से गुणवत्ता में से एक नहीं है, क्योंकि पूरी फसल एक है। उनका अंतर केवल इतना है कि उनके पकने का समय। कुछ फल परिपक्वता तक पहुँचते हैं दूसरों से पहले और इस तरह वे 'प्रथम फल' बन जाते हैं। फुकियन प्रांत में मेरा गृह नगर प्रसिद्ध है संतरे के लिए। मैं कहूंगा (और इसमें कोई संदेह नहीं कि मैं
पूर्वाग्रह से ग्रसित हूं!) कि उनके जैसा कोई नहीं है दुनिया में कहीं भी। संतरे के मौसम की शुरुआत में जब आप पहाड़ियों पर नज़र डालते हैं, तो सभी बाग़ हरे हैं। लेकिन अगर आप ज़्यादा ध्यान से देखेंगे तो पाएंगे देखो, पेड़ों पर यहाँ-वहाँ छिड़के हुए हैं, सुनहरे संतरे पहले से ही दिखाई दे रहे हैं। यह एक सुंदर दृश्य है अंधेरे के बीच बिखरे हुए सोने के कणों को देखना हरे पेड़। बाद में पूरी फसल पक जाएगी और उपवन सोने में बदल जायेंगे, लेकिन अभी ये हैं प्रथम फल जो इकट्ठा किये गये हैं।

वे सावधानीपूर्वक हाथ से चुने गए, और वे ही शीर्ष पर आते हैं बाजार मूल्य - अक्सर कीमत का तीन गुना फसल काटना।

सभी किसी न किसी तरह परिपक्वता तक पहुंचेंगे। लेकिन मेम्ना प्रथम फल की खोज में है। दृष्टांत में 'बुद्धिमान' वे लोग नहीं हैं जिन्होंने बेहतर काम किया है, बल्कि वे लोग हैं जिन्होंने पहले ही समय पर अच्छा काम किया। वे भी कुंवारी थीं - 'मूर्ख', इसमें कोई संदेह नहीं, लेकिन नहीं झूठ। बुद्धिमानों के साथ, वे बाहर गए थे दूल्हे से मिलने के लिए उनके पास भी तेल था उनके दीपक जल रहे थे। उनके रुकने पर विचार नहीं

किया गया, और अब जब उनका दीये धीरे-धीरे जल रहे थे, उनके पास तेल का भंडार नहीं था न तो दूसरों के पास उन्हें छोड़ने के लिए पर्याप्त था और न ही दूसरों के पास।

कुछ लोग इस बिंदु पर भगवान की परेशानी से परेशान हैं मूर्खों से कहा: ‘मैं तुम्हें नहीं जानता।’ उन्हें कैसा लगता है, यदि वे मूर्खों का प्रतिनिधित्व करते हैं, तो वह उनके बारे में ऐसा कैसे कह सकता है? उनके सच्चे बच्चे, 'एक शुद्ध कुंवारी के रूप में ... मसीह'? (2 कुरिन्थियों 11.2)। लेकिन हमें यह पहचानना होगा कि इस दृष्टांत की शिक्षा का पूरा सार यह है कि निश्चित रूप से उसकी सेवा करने का कुछ विशेषाधिकार है भविष्य में जो उसके बच्चे चूक सकते हैं बिना तैयारी के। इसमें कहा गया है कि पांचों दरवाजे पर आए और कहा: ‘प्रभु, प्रभु, हमारे लिए दरवाजा खोलो।’ कौन सा दरवाजा? निश्चित रूप से मोक्ष का द्वार नहीं। यदि आप खो गए हैं, तो
आप स्वर्ग के द्वार पर आकर दस्तक नहीं दे सकते।

इसलिए जब प्रभु कहते हैं, 'मैं तुम्हें नहीं जानता', तो वे कहते हैं, निश्चित रूप से इन शब्दों का प्रयोग कुछ सीमित अर्थों में किया जाता है जैसा कि नीचे दिए गए चित्र में दिखाया गया है।

शंघाई में एक पुलिस-अदालत के बेटे ने मजिस्ट्रेट पर लापरवाही से गाड़ी चलाने का आरोप लगाया गया। उसे अदालत में लाया गया और उसके पिता बैठे हुए पाए गए मजिस्ट्रेट की बेंच पर। न्यायालय की प्रक्रिया अधिक है या कमोबेश पूरी दुनिया में एक जैसा ही था, और इसलिए लड़का था पूछा: तुम्हारा नाम क्या है?’ तुम्हारा पता क्या है? तुम्हारा पेशा क्या है? वगैरह-वगैरह। हैरान होकर उसने पूछा: अपने पिता की ओर मुड़ा: 'पिताजी, क्या आप यह कहना चाहते हैं कि तुम मुझे नहीं जानते?’ अपनी मेज पर खटखटाते हुए पिता ने सख्ती से उत्तर दिया: नौजवान, मैं नहीं मैं तुम्हें जानता हूँ। तुम्हारा नाम क्या है? तुम्हारा नाम क्या है? पता?’ बेशक उनका यह मतलब नहीं था कि वह मैं उसे

बिल्कुल नहीं जानता था। परिवार में और घर पर वह उसे जानता था, लेकिन उस जगह और उस समय वह उसे नहीं जानता था। हालाँकि वह अभी भी अपने पिता का बेटा है, लड़के को अदालती प्रक्रिया से गुजरना होगा और जुर्माना अदा करें।

हाँ, सभी दस कुँवारियों के दीयों में तेल था। मूर्खों की पहचान यह थी कि उनके पास
अपने बर्तनों में कोई भंडार नहीं था। सच्चे मसीहियों के रूप में, वे मसीह में जीवन है, और मनुष्यों के साम्हने उनकी गवाही है
। परन्तु उनकी गवाही झूठी है, क्योंकि वे वे हाथ-मुँह जोड़कर जीवन जीते हैं। आत्मा से भरे हुए हैं, लेकिन हम कह सकते हैं कि वे 'आत्मा से भरे हुए' नहीं हैं स्पिरिट'। जब संकट आता है तो उन्हें और अधिक तेल खरीदने के लिए बाहर जाना पड़ता है। अंत में, बेशक, सभी दसों को पर्याप्त है। लेकिन अंतर इस तथ्य में निहित है कि बुद्धिमानों के पास समय पर पर्याप्त तेल था, जबकि मूर्खों के पास, जब अंततः उनके पास पर्याप्त था, वे चूक गए थे जिस उद्देश्य के लिए इसे बनाया गया था। यह सब एक है समय का सवाल है, और यही वह बिंदु है जिस पर प्रभु घर तक पहुँचने का प्रयास करते हैं, जब अंत में दृष्टांत में, वह अपने शिष्यों से आग्रह करता है कि वे न केवल शिष्यों को सतर्क रहना चाहिए।

'शराब पीकर मतवाले मत बनो, क्योंकि इससे दंगा होता है, परन्तु आत्मा से परिपूर्ण हो जाओ' (5.18)। मत्ती 25 में यह कहा गया है यीशु के आरंभिक स्वागत का प्रश्न नहीं मसीह के आगमन की नहीं, न ही पवित्र आत्मा के आगमन की अपने सेवकों पर आध्यात्मिक उपहारों के लिए। यह एक सवाल है बर्तन में अतिरिक्त तेल की - प्रकाश की चाहे कितना भी लम्बा इंतजार क्यों न हो, कायम रहेगा- निरंतर चमत्कारी आपूर्ति के माध्यम से भीतर की आत्मा (क्योंकि दृष्टांत में दीपक और

बर्तन दोनों हैं, वास्तव में हम ही दीपक हैं) और हम ही वह बर्तन हैं)। क्या ईसाई ऐसा कर सकते थे संभवतः स्वर्ग में अनंत काल तक बिना इस आंतरिक परिपूर्णता को जानना? निश्चित रूप से एक भी कुंवारी नहीं क्या इससे बच सकते हैं? और इसलिए प्रभु सभी को ले जा रहे हैं हमें इस बात की जानकारी देने के लिए संभावित कदम 'इसलिए जागते रहो, क्योंकि तुम नहीं जानते कि दिन नहीं घंटा' भरा जा रहा है" (plerousthe) असामान्य है यहाँ पवित्र आत्मा के सम्बन्ध में प्रयुक्त अभिव्यक्ति।

'अपने आप को लगातार परिपूर्ण होने दो।' यह है पिन्तेकुस्त के समय जैसा संकट नहीं, बल्कि ऐसी स्थिति जिसमें हमें होना है हर समय। और यह कोई बाहरी चीज़ नहीं है, बल्कि आंतरिक; आध्यात्मिक उपहार का सवाल नहीं है और बाह्य रूप से नहीं बल्कि व्यक्तिगत रूप से प्रकट होने वाली अभिव्यक्तियाँ हमारे भीतर पवित्र आत्मा की उपस्थिति और गतिविधि आत्माएं, यह गारंटी देती हैं कि बर्तन में प्रकाश होगा यदि आवश्यकता हो तो आधी रात के बाद भी बिना बुझाए जलाएं।

और इसके अलावा, यह पूरी तरह से व्यक्तिगत मामला नहीं है बात। जैसा कि अगली आयत (5. 19) निश्चित रूप से संकेत देती है, यह कुछ ऐसा जो हम अन्य ईसाइयों के साथ साझा करते हैं आपसी निर्भरता। आत्मा से भरे जाने के लिए' इसका मतलब है, उस श्लोक की भाषा में, न केवल अपने दिल से गाना और धुन बनाना प्रभु' बल्कि एक दूसरे से भजन और भजन और आध्यात्मिक गीत। हममें से कुछ लोग शायद एकल गाना आसान लगता है, लेकिन समूह में गाना बहुत कठिन लगता है समय और सामंजस्य को चौकड़ी या युगल के रूप में भी व्यक्त किया जा सकता है। फिर भी आत्मा में एकता का यह संदेश

हृदय में है इफिसियों के हमारे दूसरे भाग का अध्याय (देखें 4. 3, 15, 16)।

आत्मा की परिपूर्णता हमें दी गई है ताकि हम सिंहासन के सामने एक नया गीत एक साथ गाना चाहिए (प्रका. 14.3)।
लेकिन, हमारे मुख्य जोर पर कायम रहने के लिए, मैं कहना चाहता हूँ दोहराएँ कि मूर्खता या बुद्धिमत्ता
केवल इसी एक बिंदु पर टिकी है, कि यदि आप बुद्धिमान हैं तो आप इस पूर्णता की तलाश करेंगे जल्दी ही, लेकिन अगर आप मूर्ख हैं तो आप इसे तब तक टाल देंगे हममें से कुछ लोग माता-पिता हैं और उनके बच्चे हैं।

वे बच्चे कितने भिन्न हो सकते हैं स्वभाव! एक व्यक्ति तुरन्त आज्ञा पालन करेगा; दूसरा व्यक्ति सोचेगा कि टालमटोल करके वह ऐसा करने
की आवश्यकता से बच सकता है । यदि वास्तव में ऐसा है, और आप कमज़ोर हैं उसे भागने का एक रास्ता मिल जाए, तो जो टालता है वह वास्तव में बुद्धिमान है, क्योंकि वह कुछ भी करने में सफल नहीं होता। लेकिन अगर आपका शब्द यदि आपके आदेश की अवहेलना नहीं की जा सकती है, तो यह मान्य है अंततः उसका पालन किया जाना चाहिए, तो वह निश्चित रूप से जो व्यक्ति समस्या का तुरंत सामना करता है वह अधिक बुद्धिमान होता है।

परमेश्वर की इच्छा के बारे में स्पष्ट हो जाओ। यदि परमेश्वर के वचन छूट दी जा सकती है, तो शायद आप मूर्ख नहीं होंगे उनके निहितार्थ से बचने की कोशिश करो; लेकिन अगर भगवान एक है अपरिवर्तनीय इच्छा के साथ अपरिवर्तनीय ईश्वर, फिर बनो बुद्धिमान; समय का सदुपयोग करो। सब बातों से बढ़कर

बर्तन में तेल की अतिरिक्त आपूर्ति की तलाश करो, 'ताकि तुम परमेश्वर की सारी परिपूर्णता से परिपूर्ण हो जाओ' (3.19)।
यह दृष्टांत हमारे सभी सवालों का जवाब नहीं देता। मूर्ख लोग कैसे खरीदते हैं? हमें नहीं बताया गया है। हम कहीं भी नहीं बताया गया कि भगवान को आगे क्या कदम उठाने होंगे अपने सभी बच्चों को अंततः लाने का बीड़ा उठाओ परिपक्वता। यह हमारी चिंता नहीं है। हम चिंतित हैं यहाँ प्रथम फल के साथ। हमें दबाव डालने के लिए प्रेरित किया जा रहा है पर; इस बात पर अटकलें न लगाएं कि क्या हो सकता है अगर हम नहीं।

आप मुद्दे से बचकर, उसे टाल नहीं सकते परिपक्वता तक पहुँचना- या इसकी कीमत चुकाना। लेकिन
समझदारी समय के साथ जुड़ी हुई है। जो लोग परिपक्वता तक पहुँचते हैं, या इसकी कीमत चुकाते हैं। बुद्धिमान समय का सदुपयोग करते हैं। जैसे मेरा फाउंटेन पेन है अब भर गया है और मेरे हाथ में तुरंत देने के लिए तैयार है इसलिए, प्रभु के साथ सहयोग करके , बुद्धिमान परमेश्वर को वह प्रदान करें जो वह चाहता है: उपयोगी उपकरण, तुरन्त ही उसे उपलब्ध हो जाता है।
प्रेरित पौलुस को देखिए। वह उसमें डूबा हुआ है एक ज्वलंत जुनून। उसने देखा है कि परमेश्वर का उद्देश्य हमारे लिए 'समय की परिपूर्णता' (1.10) से बंधा हुआ है। वह उन लोगों में से एक है जिन्होंने 'पहले से ही आशा की है मसीह के द्वारा उस उद्धार में विश्राम करके जो अभी पूर्ण रूप से उपलब्ध होना बाकी है 'आने वाले युगों में' प्रकट किया गया (1. 12; 2. 7)। और यह सब देखते हुए, वह क्या करता है? वह चलता है। और वह न केवल चलता है; वह दौड़ता है। 'इसलिए मैं इस तरह दौड़ता हूं, जैसे कि अनिश्चितता से' (1 कुरिं. 9. 26)। 'मैं परमेश्वर के उच्च बुलावे के पुरस्कार के लिए लक्ष्य की ओर बढ़ता हूँ
मसीह यीशु' (फिलि. 3. 14)।

अक्सर जब आत्माएँ समझ में आती हैं प्रभु के साथ, मेरे दिल में यह भावना है: 'ओह, काश वे होते पांच साल पहले आकर देख लेते!' समय इतना बड़ा है संक्षेप में, भले ही हम आगे बढ़ रहे हों। ऐसी आवश्यकता है अत्यावश्यकता के लिए। याद रखें, यह कोई सवाल नहीं है हमें इससे क्या मिलता है। यह सवाल है कि भगवान क्या चाहते हैं अब होना ही चाहिए। आज प्रभु को तैयार
उपकरणों की जरूरत है। क्यों? 'क्योंकि दिन बुरे हैं।' 'आज प्रभु को तैयार उपकरणों की जरूरत है। क्यों? 'क्योंकि दिन बुरे हैं।' ईसाई जनता के बीच स्थिति बहुत निराशाजनक है। काश हम इसे देख पाते! प्रभु को हमारे साथ बहुत कठोर व्यवहार करना पड़ सकता है।

पॉल को कहना पड़ा कि 'मैं एक गर्भपात करने वाला बच्चा हूँ।' उसे इस स्थिति में लाने के लिए उसे बहुत सारे संकटों से गुजरना पड़ा। वह बिंदु जहाँ वह तब था - और फिर भी उसने दबाव डाला यह हमेशा समय का सवाल है। भगवान को शायद ऐसा करना पड़े हमारे अंदर तेज़ी से कुछ करें, उसे संपीड़ित करके कम जगह है; लेकिन उसे इतना तो करना ही है। हमारे हृदय की आंखें प्रकाशित हो जाएं ताकि हम जान सकें कि क्या है 'उसके बुलावे की आशा', और तब हम चलें- बल्कि, उन लोगों की तरह भागो जो समझते हैं कि इच्छा क्या है प्रभु का है' (1. 18; 5. 17)। प्रभु ने हमेशा प्रेम किया हताश आत्माएं.

अध्याय 3 - स्टैंड

अन्त में, प्रभु में और उसकी शक्ति में बलवन्त बनो। उसकी शक्ति का। परमेश्वर के सारे हथियार बाँध लो, कि तुम शैतान की चालों के विरुद्ध खड़े होने में सक्षम हो सकते हैं.... कि ताकि तुम बुरे दिन में डटे रहो, और सब कुछ कर के खड़े हो जाओ। इसलिए
कमर बाँध कर खड़े हो जाओ... कवच पहन कर... जूते पहन कर अपने पैर...ढाल उठाते हुए...और हेलमेट...और तलवार... प्रार्थना... और जागते रहना' (6. 10-11, 13-18)।

मसीही अनुभव बैठने और चलने की ओर ले जाता है, लेकिन यह इन तक ही सीमित नहीं है।
हर मसीही को खड़े रहना भी सीखना चाहिए। हर एक को हममें से सभी को संघर्ष के लिए तैयार रहना चाहिए।

हमें स्वर्गीय स्थानों में मसीह के साथ बैठना जानते हैं और हमें यह जानना चाहिए कि उसके योग्य होकर कैसे चलना है यहाँ, लेकिन हमें यह भी पता होना चाहिए कि कैसे सामने खड़ा होना है शत्रु। संघर्ष का यह मामला अब हमारे सामने आता है इफिसियों के तीसरे भाग (6. 10-20) में। यह वही है जो पौलुस ने इसे 'दुष्टात्माओं से हमारा मल्लयुद्ध' कहा है।

लेकिन सबसे पहले हम एक बार फिर से खुद को याद दिला दें इफिसियों में इन बातों को जिस क्रम में प्रस्तुत किया गया है, वह है: 'बैठो... चलो... खड़े रहो'। क्योंकि कोई भी ईसाई युगों के युद्ध में प्रवेश करने की आशा नहीं कर सकता पहले मसीह में और किसमें विश्राम करना सीखे बिना उसने ऐसा किया है, और फिर, शक्ति के माध्यम से

पवित्र आत्मा को अपने अन्दर समाहित करके, उसका व्यावहारिक रूप से अनुसरण करना, पृथ्वी पर पवित्र जीवन। यदि वह इनमें से किसी एक में कमी रखता है वह पाएंगे कि आध्यात्मिकता के बारे में सारी बातें युद्ध केवल बातें ही रह जाती हैं; वह कभी नहीं जान पाएगा कि यह वास्तविकता। शैतान उसे अनदेखा कर सकता है क्योंकि वह ऐसा करता है कुछ भी मायने नहीं रखता। फिर भी वही ईसाई प्रभु में और उसकी शक्ति के बल पर बलवान बना जा सकता है,
सबसे पहले उसके मूल्यों को जानकर। उत्कर्ष और फिर उसके अन्तरनिवास की बात (6.10 की तुलना 1.19 और 3.16 से करें)। यह इन दो पाठों के साथ है अच्छी तरह से और वास्तव में सीखा है कि वह सराहना करने के लिए आता है अब मसीही जीवन का तीसरा सिद्धांत 'स्टैंड' शब्द में इसका सार निहित है।

परमेश्वर का एक कट्टर शत्रु है, और उसकी शक्ति के अधीन अनगिनत राक्षस और पतित स्वर्गदूत तलाश कर रहे हैं दुनिया को बुराई से भर देना और ईश्वर को बाहर कर देना अपने ही राज्य से। इसका अर्थ यह है श्लोक 12. यह घटित होने वाली घटनाओं का स्पष्टीकरण है हमारे चारों ओर केवल 'मांस और रक्त' ही दिखाई देता है हमारे खिलाफ - यानी शत्रुतापूर्ण विश्व व्यवस्था राजा और शासक, पापी और बुरे लोग। नहीं, कहते हैं पॉल, हमारा मल्लयुद्ध इनसे नहीं, बल्कि इनसे है रियासतों के खिलाफ, शक्तियों के खिलाफ, इस अंधकार के विश्व शासकों के विरुद्ध स्वर्गीय स्थानों में दुष्टता के आध्यात्मिक मेजबान'--- में शैतान की चालों के खिलाफ़ लड़ो। दो
सिंहासनों के बीच युद्ध चल रहा है। परमेश्वर पृथ्वी पर अपना दावा कर रहा है प्रभुत्व, और शैतान हड़पना चाह रहा है परमेश्वर का अधिकार। चर्च को सत्ता से बेदखल करने के लिए बुलाया गया है शैतान को उसके वर्तमान राज्य से बाहर निकालना और मसीह को सब पर ध्यान दीजिए। हम इस बारे में क्या कर रहे हैं?

मैं अब हमारे इस मामले से निपटना चाहता हूँ युद्ध पहले सामान्य रूप से हमारे
व्यक्तिगत मसीही जीवन के सम्बन्ध में और फिर विशेष रूप से प्रभु द्वारा सौंपे गए कार्य के सम्बन्ध में हमारे लिए शैतान के कई प्रत्यक्ष हमले हैं भगवान के बच्चे। बेशक हमें उन्हें जिम्मेदार नहीं ठहराना चाहिए शैतान उन मुसीबतों का परिणाम है जो हमारे ईश्वरीय नियमों का उल्लंघन करने का दोषी। हमें अब तक, इन्हें सही करना जानते हैं। लेकिन कुछ शारीरिक समस्याएं भी हैं संतों पर हमले, दुष्टों पर हमले उनके शरीर और मन, जिनका हमें
गंभीरता से ध्यान रखना चाहिए, निश्चित रूप से, हममें से कुछ ऐसे भी हैं जो दुश्मन के हमलों के बारे में कुछ नहीं पता हमारे आध्यात्मिक जीवन पर क्या हम इन बातों को हावी होने देंगे? बिना चुनौती के पास हो गए?

प्रभु के साथ हमारा स्थान है स्वर्गीय, और हम सीख रहे हैं कि संसार के सामने उसके साथ कैसे चलना है
; लेकिन हम कैसे निर्दोष ठहरें अपने आप को विरोधी की उपस्थिति में- उसका शत्रु और हमारा क्या? परमेश्वर का वचन है: खड़े रहो!' ' परमेश्वर के सारे हथियार बाँध लो कि तुम शैतान की युक्तियों के साम्हने खड़े रह सको।' यूनानी क्रिया 'स्टैंड' इसके साथ निम्नलिखित पूर्वसर्ग 'के विरुद्ध में श्लोक 11 का वास्तव में अर्थ है 'अपनी जगह पर डटे रहो'। अनमोल सत्य परमेश्वर के उस आदेश में छिपा है। यह किसी विदेशी क्षेत्र पर आक्रमण करने का आदेश नहीं है।

आधुनिक भाषा में युद्ध का अर्थ है 'मार्च' करने का आदेश। सेनाएँ दूसरे देशों में कब्ज़ा करने और उन्हें वश में करने के लिए मार्च करती हैं। भगवान ने ऐसा नहीं किया है हमें ऐसा करने के लिए कहा गया है। हमें

मार्च नहीं करना है, बल्कि खड़े रहना है।

'स्टैंड' शब्द का तात्पर्य है कि विवादित जमीन दुश्मन द्वारा दिया गया अधिकार वास्तव में उसका है, और इसलिए हमारा है। इस पर पैर जमाने के लिए संघर्ष करने की जरूरत नहीं है।

हमारे युद्ध के लगभग सभी हथियार इफिसियों में वर्णित बातें पूरी तरह से रक्षात्मक हैं।
तलवार का इस्तेमाल बचाव के साथ-साथ दूसरों के लिए भी किया जा सकता है। आक्रामक और रक्षात्मक के बीच का अंतर आक्रामक युद्ध यह है कि पूर्व में मेरे पास जमीन मिल गई है और केवल इसे रखने की कोशिश है, जबकि उत्तरार्द्ध मुझे जमीन नहीं मिला है और लड़ रहा हूँ इसे पाने के लिए। और यही अंतर है प्रभु यीशु और उनके द्वारा छेड़े गए युद्ध के बीच हमारे द्वारा छेड़ा गया युद्ध। उनका आक्रामक था; हमारा है, संक्षेप में, रक्षात्मक। उसने
जीत हासिल करने के लिए शैतान के खिलाफ युद्ध किया। क्रूस के माध्यम से उसने उस युद्ध को नरक की दहलीज तक ले गए स्वयं, वहाँ से बंदी बनाकर उसे बाहर ले जाने के लिए (4.8, 9). आज हम शैतान के खिलाफ सिर्फ इसलिए युद्ध कर रहे हैं ताकि और उस विजय को सुदृढ़ करें जो उसने पहले ही प्राप्त कर ली है। पुनरुत्थान के द्वारा परमेश्वर ने अपनी घोषणा की पुत्र अंधकार के सम्पूर्ण क्षेत्र पर विजय प्राप्त करेगा, और मसीह ने जो ज़मीन जीती है, वह उसने हमें दी है। हम करते हैं इसे पाने के लिए हमें लड़ने की जरूरत नहीं है। हमें बस इसे थामे रखने की जरूरत है सभी चुनौती देने वालों के खिलाफ.

हमारा काम पकड़ना है, हमला करना नहीं। यह प्रगति का मामला नहीं बल्कि क्षेत्र का मामला है, क्षेत्र मसीह का। यीशु मसीह के व्यक्तित्व में, परमेश्वर ने पहले से ही विजय प्राप्त कर ली है। उसने हमें अपनी जीत

दे दी है पकड़ो। मसीह के क्षेत्र के भीतर दुश्मन का हार पहले से ही एक तथ्य है, और चर्च उसे पराजित रखने के लिए वहाँ रखा गया है। शैतान ही वह है जिसे अपने प्रयासों में जवाबी हमला करना होगा हमें उस क्षेत्र से बेदखल कर दो। हमारी ओर से हमें इसकी आवश्यकता है जो जमीन पहले से ही हमारी है, उस पर कब्ज़ा करने के लिए संघर्ष न करें।

मसीह में हम विजयी हैं- बल्कि, 'इससे भी अधिक विजेता' (रोमियों 8. 37)। इसलिए, हम उसी में
खड़े हैं। इसलिए आज हम जीत के लिए नहीं लड़ते; हम जीत के लिए लड़ो। हम जीतने के लिए नहीं लड़ते परन्तु क्योंकि मसीह में हम पहले ही जीत चुके हैं।

विजेता वे हैं जो जीत में विश्राम करते हैं जो उन्हें उनके ईश्वर ने पहले ही दे दिया है।
जब आप जीत हासिल करने के लिए लड़ते हैं, तो आप आप शुरू से ही लड़ाई हार चुके हैं। मान लीजिए
शैतान आपके घर पर हमला करने की योजना बनाता है गलतफहमियाँ पैदा होती हैं, ऐसी स्थिति जो आप
या आपके व्यवसाय में हो सकती है। कठिनाइयाँ बढ़ती हैं, न तो निपटने का कोई उपाय है और न ही बचने का। आप प्रार्थना करते हैं, उपवास करते हैं, संघर्ष करते हैं और कई दिनों तक विरोध करते हैं, लेकिन कुछ नहीं होता।

क्यों? आप जीत के लिए लड़ने की कोशिश कर रहे हैं, और ऐसा करते हुए दुश्मन को ज़मीन ही दे रहे हैं वह तुम्हारा है। क्योंकि जीत अभी भी तुम्हारे लिए दूर की बात है चीज़, कहीं आपसे आगे है, और आप नहीं कर सकते मैं भी एक बार ऐसी ही स्थिति में था, और परमेश्वर ने मेरे मन में 2 में यह वचन लाया थिस्सलुनीकियों में पाप के मनुष्य के विषय

में लिखा है, प्रभु यीशु अपनी साँस से मार डालेगा 'मुँह'। विचार आया: इसे बस एक साँस की आवश्यकता होगी मेरे प्रभु से उसे ख़त्म करने की प्रार्थना है, और मैं यहाँ कोशिश कर रहा हूँ तूफ़ान खड़ा करने के लिए! क्या शैतान को हमेशा के लिए
परास्त नहीं किया गया? तो यह जीत भी पहले ही मिल चुकी है। जो लोग बैठते हैं, वे ही खड़े हो सकते हैं। हमारी शक्ति चलने के लिए खड़े होने का अर्थ है, पहले
मसीह के साथ बैठना। क्रिश्चियन की चाल और युद्ध दोनों ही उसकी स्थिति से शक्ति प्राप्त करते हैं। अगर वह बैठा नहीं है भगवान के सामने वह खड़े होने की उम्मीद नहीं कर सकता दुश्मन।

शैतान का प्राथमिक उद्देश्य हमें पाप करने के लिए प्रेरित करना नहीं है, लेकिन बस हमारे लिए ऐसा करना आसान बनाने के लिए हमें पूर्ण विजय की जमीन से ऊपर जो प्रभु ने हमें दिया है। सिर या दिल के रास्ते से, हमारे बुद्धि या हमारी भावनाओं के माध्यम से, वह हमारे विश्राम पर आक्रमण करता है मसीह या आत्मा में हमारा चलना। लेकिन उसके हमले के हर बिंदु के लिए रक्षात्मक कवच प्रदान किया जाता है, हेलमेट और छाती कवच, कमरबंद और जूते, जबकि सब पर विश्वास की ढाल है उसके ज्वलंत तीरों को एक तरफ़ करो। विश्वास कहता है: मसीह महान है।

विश्वास कहता है: हम उसकी कृपा से बच गए हैं। विश्वास कहता है: उसके द्वारा ही हम तक पहुँच है। विश्वास कहता है: वह अपनी आत्मा के द्वारा हम में वास करता है (देखें 1.20; 2.8; 3.12,17)।

क्योंकि जीत उनकी है, इसलिए जीत हमारी है। हम केवल जीत हासिल करने की कोशिश नहीं करेंगे बल्कि बस इसे बनाए रखें, तो हम दुश्मन को पूरी तरह से देख लेंगे हमें भगवान से यह नहीं पूछना चाहिए

कि वह हमें ऐसा करने में सक्षम बनाए शत्रु पर विजय प्राप्त करना, और न ही उससे आशा करना कि वह शत्रु पर विजय प्राप्त करे पर विजय प्राप्त करो, परन्तु उसकी स्तुति करो क्योंकि उसने पहले ही ऐसा किया; वह विजेता है। यह सब विश्वास का मामला है यदि हम प्रभु पर विश्वास करते हैं, तो हमें इस प्रकार प्रार्थना नहीं करनी चाहिए। बल्कि हम उसकी अधिक प्रशंसा करेंगे। हमारा विश्वास जितना सरल और स्पष्ट होगा, उतना ही कम हम उस पर विश्वास करेंगे। ऐसी परिस्थितियों में जितना अधिक हम प्रार्थना करेंगे
, उतना ही अधिक हम स्तुति करेंगे।

मैं फिर कहता हूँ: मसीह में हम पहले से ही हैं विजेता। तो क्या यह स्पष्ट नहीं है कि, चूंकि ऐसा है
, हमें केवल जीत के लिए प्रार्थना करनी चाहिए-जब तक कि प्रार्थना में स्तुति भरी जाती है - हमें
अपनी मौलिकता को त्यागकर पराजय का सामना करना चाहिए मैं आपसे पूछना चाहता हूँ: क्या हार आपकी स्थिति रही है? क्या आपने कभी यह उम्मीद की है कि एक दिन तुम जीतने लायक ताकतवर हो जाओगे? तब आपके लिए मेरी प्रार्थना प्रेरित पौलुस द्वारा इफिसुस के पाठकों से की गई प्रार्थना से अधिक नहीं हो सकती। यह है कि परमेश्वर हो सकता है कि आपकी आंखें फिर से खुलें और आप खुद को बैठे हुए देख सकें उससे जो स्वयं दूर बैठा है हर प्रकार की प्रभुता, और अधिकार, और सामर्थ्य, और
प्रभुता, और हर एक नाम के ऊपर जो रखा जाएगा' (1.20,21)

आपके आस-पास की कठिनाइयाँ नहीं बदल सकतीं; सिंह पहले की तरह जोर से दहाड़ सकते हैं; लेकिन आपको अब और ज़रूरत नहीं है जीतने की आशा है। मसीह यीशु में आप विजयी हैं फील्ड।

उसके नाम पर

लेकिन यह सब नहीं है। इफिसियों 6 चिंतित है हमारे युद्ध के व्यक्तिगत पक्ष से भी अधिक। इसका सम्बन्ध परमेश्वर के उस कार्य से भी है जो हमें सौंपा गया है हमें- सुसमाचार के रहस्य का कथन जिसके बारे में पौलुस ने पहले ही बहुत कुछ कह दिया है (देखें 3. 1- 13). इसके लिए यह अब हमें तलवार से लैस करता है शब्द और उसका साथी हथियार, प्रार्थना।

आत्मा की तलवार लो, जो परमेश्वर का वचन है। ईश्वर: सभी प्रार्थनाओं और विनतियों के साथ प्रार्थना करते हुए आत्मा में समयों को ध्यान में रखना, और सब बातों में उस पर निगरानी रखना दृढ़ता और सभी संतों के लिए प्रार्थना, और मेरी ओर से, कि मुझे बोलने का अधिकार दिया जाए
, कि मैं निर्भयता से परमेश्वर के वचन को प्रकट कर सकूं सुसमाचार का रहस्य, जिसके लिए मैं एक राजदूत हूँ जंजीरें; कि मैं इसमें साहसपूर्वक बोलूं, जैसा कि मुझे बोलना चाहिए (इफिसियों 6:17-20)।

मैं इस युद्ध के बारे में कुछ और कहना चाहता हूँ, क्योंकि इसमें हमें कठिनाई का सामना करना पड़ सकता है। यह सच है कि एक तरफ़ तो हम युद्ध में उलझे हुए हैं, दूसरी तरफ़ हम युद्ध में उलझे हुए हैं। हाथ, कि हमारे प्रभु यीशु सब से ऊपर बैठे हैं शासन और अधिकार', और यह कि सभी चीजें 'अपने पैरों तले अधीन कर दो' (1. 21, 22)। स्पष्ट रूप से इस पूर्ण विजय के आलोक में ही हम 'सभी चीज़ों के लिए हमेशा धन्यवाद देना यीशु मसीह'.(5. 20). फिर भी दूसरी ओर हमारे पास यह है यह स्वीकार करना कि हम अभी तक सभी चीजों को अपने अधीन

नहीं देख पाए हैं जैसा कि पॉल कहते हैं, अभी भी दुष्टों की सेनाएँ हैं स्वर्गीय स्थानों में आत्माएँ, अंधकार, बुरी शक्तियाँ इस दुनिया के शासकों के पीछे, उस क्षेत्र पर कब्जा करना जो यह सही है कि यह उसका है। हम इसे किस हद तक सही कह रहे हैं रक्षात्मक युद्ध? हम झूठा नहीं बनना चाहते प्रकल्पित। इसलिए, कब और किसके तहत क्या ऐसी स्थिति में हमें क्षेत्र पर कब्ज़ा करना उचित है जो बाहरी तौर पर दुश्मन का है और उसे अपने अंदर दबाए हुए है प्रभु का नाम यीशु? आइये हम यहां मदद के लिए 'परमेश्वर का वचन' लें। यह हमें प्रार्थना और कर्म के बारे में क्या बताता है? नाम'? सबसे पहले निम्नलिखित दो अंशों पर विचार करें:

'मैं तुम से सच कहता हूं, जो कुछ तुम करोगे जो पृथ्वी पर बंधा है, वह स्वर्ग में भी बंधा रहेगा; और जो पृथ्वी पर बंधा है, वह स्वर्ग में भी बंधा रहेगा। पृथ्वी पर जो कुछ तुम खोलोगे वह सब खुल जाएगा स्वर्ग में। मैं फिर तुमसे कहता हूं, कि यदि तुम में से दो करेगा पृथ्वी पर किसी भी चीज़ को छूने पर वे सहमत होते हैं जो लोग मांगेंगे, उनके लिए यह किया जाएगा। दो या तीन मेरे नाम पर इकट्ठे होते हैं, वहाँ मैं हूँ....' (मत्ती 18. 18-20)। 'उस दिन तुम मुझ से कुछ मत पूछो। मैं तुम से सच सच कहता हूं, यदि
पिता से कुछ मांगोगे तो वह तुम्हें देगा। मेरे नाम से। अब तक तुमने मुझसे कुछ नहीं माँगा नाम: मांगो, और तुम्हें मिलेगा ताकि तुम्हारा आनंद हो उस दिन तुम मेरे नाम से मांगोगे' (यूहन्ना 16. 23, 24, 26)।

नाम जाने बिना किसी का उद्धार नहीं हो सकता यीशु का, और परमेश्वर का कोई भी प्रभावी ढंग से उपयोग नहीं किया जा सकता उस नाम के अधिकार को जाने बिना। प्रेरित पौलुस यह स्पष्ट करता है कि जिस 'नाम' का यीशु ने उपरोक्त अनुच्छेदों में जो संकेत दिया है वह केवल यही नहीं है वह नाम जिससे वे यहाँ रहते हुए जाने जाते थे पुरुषों के

बीच। निश्चित रूप से, यह वही है उनकी मानवता का नाम, लेकिन यह वह नाम है जो निवेशित है अब उस उपाधि और अधिकार के साथ जो उसे दिया गया है परमेश्वर ने मृत्यु तक आज्ञाकारी रहने के बाद (फिलिप्पियों 2. 6-10) यह उसके कष्टों का परिणाम है,
उसकी महिमा और उत्कर्ष का नाम है; और आज यह उसी में है। 'वह नाम जो हर नाम से ऊपर है' जिसे हम इकट्ठा करते हैं और हम परमेश्वर से यही मांगते हैं।

यह भेद केवल पॉल ने ही नहीं किया है, बल्कि ऊपर उद्धृत दूसरे अनुच्छेद में यीशु ने स्वयं कहा है
: 'अब तक तुमने कुछ नहीं मांगा... उस दिन तुम पूछोगे' (श्लोक 24, 26)। 'उस दिन' शिष्यों का व्यवहार पहले वाले दिन से बहुत अलग होगा श्लोक 22 का 'अभी'। कुछ ऐसा जो अब उनके पास नहीं है वे तब प्राप्त करेंगे, और इसे प्राप्त करने के बाद वे इसका उपयोग करेंगे। वह कुछ वह अधिकार है जो जाता है उसके नाम के साथ.

शक्तिशाली को देखने के लिए हमारी आँखें खुली होनी चाहिए स्वर्गारोहण द्वारा लाया गया परिवर्तन। यीशु का नाम
निश्चित रूप से उस एक की पहचान स्थापित करता है जो स्वर्गारोहण में है नासरत के बढ़ई के साथ सिंहासन, लेकिन यह चला जाता है उससे भी आगे। यह अब शक्ति का प्रतिनिधित्व करता है और परमेश्वर द्वारा उसे दिया गया प्रभुत्व, एक शक्ति और प्रभुत्व जिसके आगे स्वर्ग और पृथ्वी का हर व्यक्ति घुटना टेकेगा धरती और धरती के नीचे भी झुकना होगा। यहूदी नेताओं ने माना कि ऐसा हो सकता है जब वे मात्र नाम में ही इतनी महत्ता रखते हैं, लंगड़े व्यक्ति के चंगे होने के विषय में शिष्यों से पूछा : 'किस शक्ति से या किस नाम से?
क्या तुम ने यह किया है?' (प्रेरितों 4:7)

आज यह नाम हमें बताता है कि परमेश्वर ने अपने बेटे को सारा अधिकार सौंप दिया, ताकि उसके
नाम में ही सामर्थ्य हो। लेकिन इसके अलावा, हम यह भी कहते हैं कि पवित्रशास्त्र में बार-बार आने वाली अभिव्यक्ति पर ध्यान देना चाहिए नाम' - अर्थात, वह उपयोग जिसके लिए प्रेरितों ने वास्तव में यह नाम रखा। यह केवल इतना ही नहीं है कि वह ऐसा नाम है, लेकिन हमें इसका उपयोग करना है। तीन प्रभु यीशु ने अपने अंतिम प्रवचन में कुछ अंश दिए 'मेरे नाम से मांगो' शब्दों को दोहराता है (देखें जोह्न 14. 13. 14; 15.16; 16.23-26)। उसने उस अधिकार को हमारे हाथों से हमें उपयोग करने के लिए दिया गया है। यह न केवल उसका है, बल्कि यह मनुष्यों को दिया गया है' (प्रेरितों 4:12)। अगर हम नहीं जानते इसमें हमारा हिस्सा होने के कारण हमें बहुत नुकसान होता है। उसके नाम की शक्ति तीन तरह से काम करती है हमारे प्रचार में यह
मनुष्यों के उद्धार के लिए प्रभावी है (प्रेरितों के काम 4. 10-12) उनके पापों की क्षमा और उनके शुद्धिकरण के माध्यम से, परमेश्वर के प्रति औचित्य और पवित्रता (लूका २४:४७; प्रेरितों के काम 10. 43; 1 कुरि. 6. 11). हमारे युद्ध में यह शक्तिशाली है शैतानी शक्तियों के खिलाफ, उन्हें बांधकर लाने के लिए अधीनता में लाना (मरकुस 16. 17; लूका 10. 17-19; प्रेरितों के काम 16. 18)। और जैसा कि हम पहले ही देख चुके हैं,
हमारे मांगने से परमेश्वर के प्रति प्रभाव पड़ता है, क्योंकि हम दो बार मांगते हैं। कहा जाता है: 'जो कुछ भी तुम मांगोगे...', और दो बार: 'यदि तुम जो कुछ भी मांगोगे...' (यूहन्ना 14:13,14; 15:16; 16. 23). इन सबका सामना करते हुए चुनौतीपूर्ण शब्द, ठीक है पराक्रमी हम श्रद्धापूर्वक कहते हैं: 'हे प्रभु, आपका साहस अद्भुत है बहुत बढ़िया!' इस प्रकार परमेश्वर ने स्वयं को उसके प्रति समर्पित कर दिया सेवकों का होना वाकई एक बहुत बड़ी बात है। अब
मेरे साथ प्रेरितों के काम की किताब में तीन घटनाओं पर नज़र डालिए

जो सेवकों की सेवा करती हैं इसे और स्पष्ट करने के लिए: 'पीटर ने कहा,
नाम में यीशु मसीह नासरत के लोगों की आज्ञाओं का पालन करो' (प्रेरितों के काम 3. 6)। 'पौलुस और मुड़कर आत्मा से कहा, मैं तुझे आज्ञा देता हूं यीशु मसीह का नाम उसके अंदर से निकल आया। और वह बाहर आ गया उसी क्षण बाहर' (प्रेरितों 16:18)। ओझाओं ने, फिर उन पर नाम रखने का बीड़ा उठा लिया प्रभु यीशु का नाम दुष्ट आत्माओं ने लिया था, और कहा, मैं तुम्हें यीशु की शपथ देता हूं जिसका प्रचार पौलुस करता है .... और दुष्ट आत्मा ने उनको उत्तर दिया, यीशु को मैं जानता हूँ, और पौलुस को भी; परन्तु तुम कौन हो? पहले पतरस के व्यवहार पर ध्यान दो। द्वार पर अपंग व्यक्ति के साथ। वह ऐसा नहीं करता
और पहले प्रभु का मन पूछता है। घुटने टेकें और प्रार्थना करें वह तुरन्त कहता है: 'चलें' वह नाम का प्रयोग इस प्रकार करता है मानो वह चल रहा हो। वे उसके उपयोग के लिए थे, न कि दूर स्वर्ग में स्थित कोई वस्तु।

फिलिप्पी में पौलुस के साथ भी ऐसा ही हुआ। उसे अपने अंदर यह एहसास हुआ कि मुझे विश्वास है कि शैतानी गतिविधियाँ बहुत आगे बढ़ चुकी हैं। हमें यह नहीं बताया गया है कि इसके बाद वह प्रार्थना करने के लिए रुका।
नहीं, उसका परमेश्वर के सामने सच्चा चलना है, और क्योंकि यह ताकि वह नाम के संरक्षक के रूप में कार्रवाई कर सके मानो शक्ति उसके अपने अंदर ही थी। आज्ञा देता है, और दुष्ट आत्मा 'उसी क्षण' भाग जाती है।
यह क्या है? यह एक उदाहरण है कि मैं क्या करूँगा ईश्वर का मनुष्य के प्रति समर्पण। अपने सेवकों के प्रति अपने आपको समर्पित कर दिया ताकि वे उनके द्वारा किए जाने वाले कार्यों के लिए तैयार रहें। वे

'नाम पर' कार्रवाई करते हैं। और वे, वे क्या करते हैं? यह स्पष्ट है कि वे कुछ भी नहीं करते वे खुद इस नाम का इस्तेमाल करते हैं। यह भी स्पष्ट है कि कोई भी व्यक्ति इस नाम का इस्तेमाल नहीं करता। दूसरा नाम, चाहे उनका अपना हो या किसी और का प्रेरित, का भी यही प्रभाव होगा। स्थान का नाम उसके प्रभाव से प्रभावित होता है प्रभु यीशु ने स्थिति पर प्रकाश डाला, और उन्हें इसके लिए अधिकृत किया गया उस नाम का उपयोग करें.

परमेश्वर महिमा में अपने पुत्र को देखता है, हमारी ओर नहीं पृथ्वी पर। ऐसा इसलिए है क्योंकि वह हमें बैठा हुआ देखता है उसे वहाँ ले आओ ताकि उसका नाम और उसका अधिकार प्रकट हो सके यहाँ हमें जो काम सौंपा गया है। एक सरल उदाहरण इसे स्पष्ट करने में मदद करेगा। कुछ समय पहले मेरे साथी कार्यकर्ता मुझे एक रकम के लिए पत्र भेजा गया था। मैंने उसका पत्र पढ़ा, उसने जो मांगा था, वह तैयार किया और राशि दे दी संदेशवाहक। क्या मैं सही था? हाँ, निश्चित रूप से। पत्र मेरे मित्र के हस्ताक्षर थे, और मेरे लिए यह
पर्याप्त था। क्या मुझे इसके बजाय पूछना चाहिए था संदेशवाहक से उसका नाम, उम्र, रोजगार और
मूल स्थान पूछा और फिर शायद इसलिए भेज दिया क्योंकि मैं क्या उसने इस बात पर आपत्ति जताई कि वह क्या था? नहीं, बिल्कुल नहीं; क्योंकि वह मेरे दोस्त के नाम पर आया था, और मैंने उसका सम्मान किया नाम।

दिव्य आत्म-प्रतिबद्धता

यह एक महान कार्य है जो परमेश्वर ने इस प्रकार किया है अपने आप को अपने चर्च के प्रति समर्पित कर दिया। ऐसा करने में उसने अपने सेवकों को सबसे बड़ा संभव कार्य सौंपा है शक्ति; वह जिसका प्रभुत्व 'ऊपर' है प्रत्येक नाम जो इस दुनिया में ही नहीं, बल्कि हर जगह है जो आने वाला है' (1. 21)। यीशु अब महिमान्वित है स्वर्ग में, और मनुष्यों को बचाने के उनके सारे काम, बोलते हुए उनके दिलों में जगह बना ली है और उनके लिए अपने चमत्कारों का काम कर रहा है अनुग्रह, उसके सेवकों के माध्यम से किया जाता है

जब वे उसके नाम पर कार्य करते हैं। इस प्रकार चर्च का कार्य उसका है यीशु का नाम वास्तव में परमेश्वर का सबसे बड़ा काम है। उसके लिए यह विरासत है, क्योंकि जहां ईश्वर के प्रति ऐसी आत्म-प्रतिबद्धता है वास्तव में सक्रिय है, वह स्वयं जिम्मेदारी लेता है उस नाम में जो कुछ किया जाता है, उसके लिए। और परमेश्वर

स्वयं को ऐसा करने के लिए प्रतिबद्ध करना चाहता है, क्योंकि उसने स्वयं को ऐसा करने की अनुमति नहीं दी है अपने कार्य को पूरा करने के लिए अन्य साधन। कोई भी कार्य ईश्वर का कार्य कहलाने के योग्य नहीं है यदि इस अर्थ में, परमेश्वर स्वयं को इसके लिए प्रतिबद्ध नहीं कर रहा है। उसका नाम इस्तेमाल करने का अधिकार ही मायने रखता है। खड़े होकर उसके नाम पर बोलने में सक्षम होना चाहिए.. अगर नहीं, हमारे काम में आध्यात्मिक प्रभाव की कमी है। लेकिन मैं आपको बता दूँ आप, यह ऐसी चीज़ नहीं है जिस पर 'काम' किया जा सके संकट का समय। यह ईश्वर के प्रति आज्ञाकारिता और

परिणामस्वरूप ज्ञात आध्यात्मिक स्थिति का फल है यह ऐसी चीज़ है जिसे हमें पहले से ही रखना चाहिए,

अगर ज़रूरत के समय में इसे उपलब्ध होना है।

'मैं यीशु को जानता हूँ, और पौलुस को भी जानता हूँ।' इसके लिए परमेश्वर की स्तुति हो दूसरा! बुरी शक्तियां पुत्र को पहचानती हैं; सुसमाचार हमें इसके बहुत से प्रमाण देते हैं। वे भी हैं जो पुत्र के साथ एकता में हैं, और वे भी अधोलोक में गिने जा सकते हैं। सवाल यह है कि क्या ईश्वर क्या वह अपने आप को इस प्रकार तुम्हारे प्रति समर्पित कर देगा?

मैं फिर से उदाहरण देता हूँ। अगर कुछ होना है मेरे नाम पर किया गया, इसका मतलब है कि, कुछ निश्चित शर्तों के अधीन मैं अपनी शर्तों के अनुसार अपना नाम किसी दूसरे को उपयोग करने के लिए देता हूँ, और जिसके लिए मैं जिम्मेदारी लेने के लिए तैयार हूं वह इसके साथ क्या करता है। इसका मतलब यह हो सकता है, उदाहरण के लिए, कि मैं उसे मेरी चेक बुक और मेरे हस्ताक्षर दे दो। बेशक, अगर मैं गरीब हूँ, मेरी कोई निजी हैसियत नहीं है और कोई बैंक खाता नहीं, मेरा नाम बहुत महत्व नहीं रखता। मैं अच्छी तरह से मुझे याद है कि कैसे एक छात्र के रूप में मुझे किताबों, कागजों, आदि पर अपना नाम लिखने का शौक था ।

और जो कुछ भी हाथ में आया। लेकिन जब मैंने पहली बार एक चेक बुक और एक बैंक खाता- चौदह डाकघर में डॉलर- मैं अपनी व्यक्तिगत मुहर के उपयोग को लेकर बहुत सावधान हो गया, इस डर से कि कोई अन्यथा इसे नकली बनाना चाहिए और इसका उपयोग करना चाहिए।
* मेरा नाम था मेरे लिए महत्वपूर्ण बन गया है.

हमारा प्रभु कितना शक्तिशाली और कितना धनवान है यीशु! उसका नाम उसके लिए कितना कीमती है!
इसलिए, अगर उसे हर चीज़ की ज़िम्मेदारी लेनी है परिणाम में जो

घटित होता है, उसे कितना सावधान रहना चाहिए इस बात पर ध्यान दें कि उस नाम का उपयोग कैसे किया जाता है! मैं आपसे फिर पूछता हूँ: क्या परमेश्वर ने स्वयं को अपने प्रति समर्पित किया है 'बैंक बैलेंस', उनकी 'चेक बुक', उनके 'हस्ताक्षर'-- आपको क्या लगता है? पहले इस सवाल का समाधान होना चाहिए। उसके बाद ही क्या आप उसके नाम का स्वतंत्र रूप से उपयोग कर सकते हैं। तभी 'क्या चीजें जो कुछ तुम पृथ्वी पर बाँधोगे वह पृथ्वी में भी बँधा रहेगा स्वर्ग'। फिर, उसकी वास्तविकता के कारण आपके प्रति प्रतिबद्ध, आप एक सच्चे के रूप में आगे बढ़ सकते हैं इस संसार में उसका प्रतिनिधि। यही फल है उसके साथ एकता की।

क्या हम प्रभु के साथ ऐसी एकता में हैं कि वह इस प्रकार वह हमारे कार्य के प्रति स्वयं को प्रतिबद्ध कर लेगा? ऐसा अक्सर लगता है कि हम एक बड़ा जोखिम उठा रहे होंगे परमेश्वर के वादों के साथ एक स्थिति में कदम रखना ऊपर? हमारे रुख का समर्थन करें। मुद्दा यह है कि क्या भगवान हमारा समर्थन करेंगे"चीनी परंपरा है कि हर किसी के पास अपना निजी टू-चोंग होता है, जो एक लकड़ी, पत्थर या हाथीदांत पर उकेरे गए उसके नाम के अक्षर वाली मुहर या डाई व्यक्तिगत डिजाइन। छाप आमतौर पर एक अपारदर्शी लाल रंग से बनाई जाती है; ik। यह है हस्तलिखित हस्ताक्षर की तुलना में इसे आसानी से जाली नहीं माना जाता है, और मुहर को गुप्त रखा जाता है ताला और चाबी के रूप में इस्तेमाल किया जाता है और चेक और अन्य व्यक्तिगत दस्तावेजों पर हस्ताक्षर करने के लिए उपयोग किया जाता है।-- संपादक। संक्षेप में मैं इसकी चार आवश्यक विशेषताओं को रेखांकित करना चाहता हूँ। एक ऐसा कार्य जिसके लिए परमेश्वर स्वयं को पूरी तरह से समर्पित कर सकता है।

पहली महत्वपूर्ण आवश्यकता हमारे लिए एक सच्चे रहस्योद्घाटन की है परमेश्वर के शाश्वत उद्देश्य के प्रति हमारे हृदय में जो कुछ भी है, हम उसे नहीं कर सकते इसके बिना। अगर मैं किसी इमारत पर काम कर रहा हूँ, तब भी एक अकुशल मजदूर के रूप में, मुझे यह जानना होगा कि उद्देश्य एक गेराज या एक हवाई जहाज हैंगर या एक है मुझे योजना अवश्य देखनी चाहिए अन्यथा मैं वहां नहीं जा पाऊंगा बुद्धिमान कार्यकर्ता। आज सुसमाचार प्रचार माना जाता है अधिकांश ईसाई इसे ईश्वर का कार्य मानते हैं। लेकिन सुसमाचार प्रचार कभी भी असंबंधित चीज़ नहीं हो सकती। इसे परमेश्वर की सम्पूर्ण योजना के साथ एकीकृत किया जाना चाहिए, क्योंकि यह वास्तव में यह एक लक्ष्य तक पहुँचने का साधन मात्र है। वह लक्ष्य परमेश्वर के पुत्र की श्रेष्ठता है, और सुसमाचार प्रचार उन पुत्रों को लाना है जिनके बीच वह खड़ा होगा श्रेष्ठ.

पौलुस की पीढ़ी में हर विश्वासी के पास एक परमेश्वर के शाश्वत उद्देश्य से विशिष्ट संबंध (
विशेष रूप से अध्याय 4. 11-16 देखें)। यह उससे कम नहीं होना चाहिए आज हमारे लिए भी यही सच है। परमेश्वर की नज़रें हमारी ओर मुड़ रही हैं उसके आने वाले राज्य की ओर। जिसे हम जानते हैं संगठित ईसाई धर्म को शीघ्र ही बनाना होगा किसी और चीज का रास्ता- संप्रभु शासन मसीह। लेकिन जैसा सुलैमान के राज्य के साथ हुआ, वैसा ही अब, पहले आध्यात्मिक युद्ध का दौर शुरू हुआ दाऊद के शासनकाल द्वारा दर्शाया गया। परमेश्वर खोज रहा है जो लोग आज उसके साथ सहयोग करेंगे तैयारी युद्ध।
यह पहचान का सवाल है परमेश्वर के शाश्वत उद्देश्य के साथ उद्देश्य। सभी
ईसाई कार्य जो इस तरह से पहचाने नहीं जाते हैं खंडित और असंबंधित, और यह अंततः कहीं नहीं

पहुंचता है। हमें तलाश करनी होगी परमेश्वर ने अपने पवित्र आत्मा के द्वारा हमारे हृदयों में एक रहस्योद्घाटन किया है 'उसकी इच्छा की युक्ति' (देखें 1. 9-12 और फिर पूछना) हम जिस काम के लिए हैं, उसके बारे में स्वयं इसे पढ़ने के बाद वापस लौटते हुए: 'क्या इसका सीधा संबंध है उस पर?' जब यह तय हो जाता है, तो सभी छोटे सवाल दैनिक मार्गदर्शन से समस्याएँ स्वयं ही हल हो जाएंगी।

दूसरा, सभी कार्य जो प्रभावी होने जा रहे हैं ईश्वरीय उद्देश्य की कल्पना ईश्वर द्वारा की जानी चाहिए। यदि हम काम की योजना बनाते हैं और फिर भगवान से उसे आशीर्वाद देने के लिए कहते हैं, हमें इसकी आवश्यकता है भगवान से यह अपेक्षा न करें कि वे स्वयं इसके लिए प्रतिबद्ध हों। भगवान का नाम काम को अधिकृत करने के लिए कभी भी 'रबर-स्टाम्प' नहीं हो सकता यह हमारी अवधारणा है। सच है, हो सकता है कि ऐसे काम पर आशीर्वाद तो होगा, लेकिन यह आंशिक होगा,
पूर्ण नहीं। वहाँ 'उसके नाम पर' कुछ नहीं हो सकता; केवल, अफसोस, हमारा नाम!

'पुत्र स्वयं कुछ नहीं कर सकता।' प्रेरितों के काम की पुस्तक में हम अक्सर पवित्र
आत्मा के निषेधों को पाते हैं! हम अध्याय 16 में पढ़ते हैं कि कैसे पॉल और उसके साथियों को 'पवित्र आत्मा के सामने झुकने' से मना किया गया था। पवित्र आत्मा को एशिया में वचन बोलने के लिए बुलाया'.और फिर:

"यीशु के आत्मा ने उन्हें जाने न दिया।" फिर भी यह पुस्तक यह पवित्र आत्मा के कार्यों की पुस्तक है, न कि उसके कार्यों की 'निष्क्रियता'। अक्सर हम सोचते हैं कि वास्तव में जो करना है वही मायने रखता है।

हमें सबक सीखना होगा कुछ न करने का - उसके लिए चुप रहने का। हमें करना ही होगा सीखें कि यदि ईश्वर आगे नहीं बढ़ता तो हम आगे बढ़ने की हिम्मत नहीं कर सकते।

जब हम यह सीख लेंगे, तब वह यह कर सकेगा सुरक्षित रूप से हमें उसके लिए बोलने के लिए भेजो।
इसलिए, मुझे परमेश्वर के बारे में ज्ञान होना चाहिए मेरे कार्य के विशेष क्षेत्र में इच्छाशक्ति होगी। उस
ज्ञान से ही कार्य आरंभ किया जाना चाहिए। सभी सच्चे ईसाई कार्यों का स्थायी सिद्धांत है: ' 'आदि परमेश्वर...'

तीसरा, सभी कार्य प्रभावी होने के लिए निर्भर होना चाहिए केवल भगवान का. सत्ता पर इसकी निरंतरता के लिए शक्ति क्या है? हम अक्सर इस शब्द का इस्तेमाल लापरवाही से करते हैं। हम किसी व्यक्ति के बारे में कहते हैं, 'वह बहुत शक्तिशाली वक्ता है', लेकिन हम हमें खुद से यह सवाल पूछना होगा: शक्ति क्या है? वह किसका उपयोग कर रहा है? क्या यह आध्यात्मिक शक्ति है या प्राकृतिक शक्ति? आजकल बहुत अधिक स्थान दिया गया है प्रकृति की शक्ति ईश्वर की सेवा में है। हमें यह सीखना होगा कि, यहाँ तक कि जहाँ ईश्वर ने भी एक पहल की है काम, अगर हम इसे अपने दम पर पूरा करने की कोशिश कर रहे हैं परमेश्वर कभी भी स्वयं को इसके लिए प्रतिबद्ध नहीं करेगा।

आप मुझसे पूछते हैं कि प्राकृतिक शक्ति से मेरा क्या मतलब है। बहुत सरल शब्दों में कहें तो यह वह काम है जो हम बिना किसी मदद के कर सकते हैं भगवान का। हम एक आदमी को संगठित करने का काम देते हैं किसी सुसमाचार अभियान की योजना बनाना या कुछ अन्य ईसाई गतिविधि-क्योंकि वह स्वाभाविक रूप से एक अच्छा आयोजक।

लेकिन अगर ऐसा है, तो कैसे वह कितनी मेहनत से प्रार्थना करेगा? अगर वह अपने प्राकृतिक वरदानों पर निर्भर रहने का आदी है, तो उसे शायद परमेश्वर से रोने की ज़रूरत महसूस न हो हम सबके साथ परेशानी यह है कि बहुत सारे लोग हैं हम भगवान पर भरोसा किए बिना कुछ भी कर सकते हैं। उस स्थान पर लाया जाना चाहिए, जहां स्वाभाविक रूप से भले ही हम प्रतिभाशाली हों, हम कार्य करने की हिम्मत नहीं करते, हम हिम्मत करते हैं सचेत और निरंतर रूप में ही बोलें, उस पर निर्भरता.

स्टीफन ने मूसा के मिस्त्री होने का वर्णन किया है शिक्षा, एक ऐसे व्यक्ति के रूप में जो 'अपने शब्दों और
कार्यों में शक्तिशाली' है। फिर भी, परमेश्वर ने उसके साथ व्यवहार किया था, मूसा कहना पड़ा: 'हे प्रभु, मैं वाक्पटु नहीं हूं, न ही न तो पहले कभी और न ही तब से जब से तुमने अपने पिता से बात की है सेवक: क्योंकि मैं बोलने में धीमा और धीमा हूँ जीभ.' जब एक जन्मजात वक्ता की जगह पर आता है 'मैं बोल नहीं सकता' कहना, तो उसने सीख लिया है मौलिक सबक और वास्तविकता की राह पर है भगवान के लिए उपयोगिता। उस खोज में एक संकट शामिल है और फिर यह एक आजीवन प्रक्रिया है, ऐसा दोनों ने कहा।

निश्चित रूप से, लूका की अभिव्यक्ति में 'में बपतिस्मा दिया नाम' (प्रेरितों 8. 16; 19. 5)। यह अभिव्यक्ति इंगित करती है हर नये विश्वासी को यह एहसास दिलाना ज़रूरी है कि मसीह की मृत्यु और पुनरुत्थान का मौलिक ज्ञान उसके संपूर्ण अस्तित्व के संबंध में है। प्राकृतिक मनुष्य। किसी तरह, भगवान के साथ हमारे इतिहास में, हमें उस प्रारंभिक अपंग स्पर्श का अनुभव करना चाहिए उसका हाथ हमारी प्राकृतिक शक्ति को कमजोर करने के लिए, हम पुनरुत्थान जीवन की

ज़मीन पर आगे खड़े हैं केवल मसीह, जहाँ मृत्यु का अब कोई अधिकार नहीं है।

ताकि उसके बाद यह घेरा चौड़ा होता चला जाए, क्योंकि नए क्षेत्र बनते चले जाएं हमारी स्वयं की ऊर्जा को इसके अंतर्गत लाया जाता है क्रॉस का काम करना। यह रास्ता महंगा है, लेकिन यह है जीवन और सेवकाई की फलदायकता के लिए परमेश्वर का निश्चित मार्ग, क्योंकि यह उसे वह आधार प्रदान करता है जिसकी उसे आवश्यकता है
ताकि वह हमारे कार्यों को अपना समर्थन दे सके। उसके पुत्र का नाम आज परमेश्वर के कार्य में अक्सर चीज़ें ऐसी होती हैं इसका मतलब यह है कि हमें ईश्वर पर भरोसा करने की कोई ज़रूरत नहीं है।

लेकिन ऐसे सभी कार्यों पर प्रभु का फैसला है अडिग: 'मुझसे अलग होकर तुम
कुछ भी नहीं कर सकते। ऐसा कोई भी काम जो मनुष्य ईश्वर से अलग होकर कर सकता है, वह है लकड़ी, घास, ठूंठ, और आग की परीक्षा इसे साबित करेगी इसलिए। क्योंकि दिव्य कार्य केवल दिव्य द्वारा ही किया जा सकता है सामर्थ्य, और वह सामर्थ्य प्रभु में पाई जाती है केवल यीशु ही। यह हमें उसी में उपलब्ध कराया गया है क्रॉस के पुनरुत्थान पक्ष। यानी, यह है जब हम उस बिंदु पर पहुंच जाते हैं जहां पूरी ईमानदारी से
हम चिल्लाते हैं: 'मैं बोल नहीं सकता', तब हम पाते हैं कि ईश्वर है बोलते हुए। जब हम अपने कामों के अंत पर पहुँचते हैं, तो उसका काम शुरू हो गया है। इस प्रकार आने वाले दिनों में आग और आज क्रूस वही काम कर सकता है। जो लोग आज क्रूस पर खड़े हैं, वे बाद में आग से बच नहीं पाएंगे। मेरा काम, जो मेरी शक्ति में किया जाता है, लाया जाता है मृत्यु, कब्र से कितना निकलता है? कुछ भी नहीं!
क्रॉस से कभी कुछ नहीं बचता, सिवाय पूरी तरह से मसीह में परमेश्वर

का.

परमेश्वर हमसे कभी भी ऐसा कुछ करने के लिए नहीं कहता जो हम कर सकते हैं। हमसे ऐसा जीवन जीने को कहता है जो हम कभी नहीं जी सकते और ऐसा काम करने को कहता है जो हम कभी नहीं कर सकते। फिर भी, उसकी कृपा से, हम हम इसे जी रहे हैं और इसे कर रहे हैं। हम जो जीवन जीते हैं वह जीवन है मसीह परमेश्वर की सामर्थ्य में जीया, और जो कार्य हम करते हैं
वह मसीह का कार्य है जो उसके द्वारा हमारे द्वारा किया जाता है। आत्मा जिसकी हम आज्ञा मानते हैं। आत्मा ही एकमात्र बाधा है उस जीवन और उस काम के लिए। हम सभी प्रार्थना करते हैं हमारे हृदय: 'हे प्रभु, मुझसे निपटो!'

अंततः, सभी कार्यों का अंत और उद्देश्य परमेश्वर स्वयं को अपनी महिमा के लिए प्रतिबद्ध कर सकता है। यह इसका मतलब यह है कि हमें इससे अपने लिए कुछ नहीं मिलता। एक दिव्य सिद्धांत है कि हम जितना कम व्यक्तिगत ऐसे कार्य से जितनी अधिक संतुष्टि मिलती है, उसका वास्तविक मूल्य उतना ही अधिक होता है। परमेश्वर के लिए मूल्य। मनुष्य के लिए महिमा के लिए कोई जगह नहीं है परमेश्वर का कार्य। सच है,
किसी भी सेवा में एक गहरा, अनमोल आनंद होता है जो उसे प्रसन्न करता है और जो खोलता है उसके काम करने का द्वार, लेकिन उस आनंद का आधार है उसकी महिमा मनुष्य की नहीं। सब कुछ 'प्रशंसा के लिए है उसकी कृपा की महिमा के विषय में' (1.6, 12, 14)।

यह तब है जब ये प्रश्न वास्तव में हल हो जाते हैं हमारे और ईश्वर के बीच जो कुछ है, उसे ईश्वर स्वयं स्वीकार करेंगे
-और वास्तव में मेरा मानना है कि वह हमें ऐसा करने की अनुमति देंगे।

ऐसा कहो तो उसे ऐसा करना ही पड़ेगा। चीन में अनुभव इसने हमें यह सिखाया है कि यदि संदेह का कोई आधार है यदि हमारा कार्य ईश्वर का है, तो निश्चय ही हम पाते हैं कि भगवान प्रार्थना का जवाब देने में अनिच्छुक हैं लेकिन जब यह पूरी तरह से उसका होगा, तो वह इसे करेगा खुद को अद्भुत तरीकों से। तो यह है कि, बिल्कुल उसकी आज्ञाकारिता से, आप उसका नाम इस्तेमाल कर सकते हैं, और सारी नरक ऐसा करने के लिए आपको अपने अधिकार को पहचानना होगा। जब भगवान किसी चीज़ के लिए खुद को प्रतिबद्ध करते हैं, तो वह सामने आते हैं यह साबित करने की शक्ति कि वह इसमें है और स्वयं इसका लेखक

एलिय्याह का परमेश्वर – सच्ची कहानी

अंत में मैं आपको अपना एक अनुभव बताना चाहता हूँ अपना काम शुरू करने के कुछ साल बाद हमने वे कठोर परीक्षण के दौर से गुजर रहे थे। निराशा और निराशा के दिन। बहुत आलोचना और बदनामी का सामना करना पड़ता है हमने जो रुख अपनाया था, उसके परिणामस्वरूप शीतलता और अलगाव, यहाँ तक कि प्रभु सत्य है हमने ईमानदारी से लोगों का सामना किया और हमारे खिलाफ लगाए गए आरोपों की जांच की, क्योंकि यह आलोचना को हमेशा गंभीरता से लेना आवश्यक है और इसकी जांच करनी चाहिए, और इसे यह कहकर टालना नहीं चाहिए कि 'ओह! वह तो बस
मेरी आलोचना कर रहा है!' फिर भी हमारे पास यह मानने का कारण था कि प्रभु हमारे साथ थे, क्योंकि यह एक विशेष रूप से कठिन वर्ष था जब यह समय समाप्ति की ओर था, हम यह अनुमान लगाने में सक्षम थे कि उस अवधि में उन्होंने हमें कई सैकड़ों वास्तविक दिए थे रूपांतरण। फिर, साल के अंत में, ऐसा लगा कि चरमोत्कर्ष पर पहुँच गया था।

कई वर्षों से यह हमारा वार्षिक कार्यक्रम रहा है नए साल की सार्वजनिक छुट्टी पर
शहर में विभिन्न धर्मों के विश्वासियों के लिए सम्मेलन आयोजित करने की प्रथा पूरे प्रांत से कनेक्शन।

इस वर्ष , सम्मेलन के प्रायोजकों ने मुझसे कहा कि मैं ऐसा न करूँ उपस्थित रहें। यह अनुरोध हमारे लिए एक झटका था। यह था, मैं अब समझ लो, यह दुष्ट द्वारा मुझे और मेरे भाइयों को मसीह में विश्राम के हमारे आधार से दूर खींचने का प्रयास है। सवाल यह था कि हम इस पर क्या प्रतिक्रिया देंगे?
नए साल की छुट्टियाँ लंबी होती हैं, जो पूरी तरह से खत्म हो जाती हैं

पंद्रह दिन, और एक उपयुक्त अवधि होने के अलावा सम्मेलन, यह सुसमाचार के लिए भी सबसे अच्छा समय है प्रचार करना। प्रभु की इच्छा जानने के बाद हम यह स्पष्ट है कि वह हमें इसका उपयोग बाद के लिए करना चाहेंगे उद्देश्य, इसलिए मैंने अपने साथ पाँच भाइयों को ले जाने की योजना बनाई एक द्वीप पर पंद्रह दिवसीय प्रचार यात्रा दक्षिण चीन तट.

आखिरी क्षण में , एक और युवा भाई जिसे मैं 'भाई वू' कहूंगा, शामिल हो गया पार्टी में शामिल हो गए। वह केवल सोलह वर्ष का था और उसे स्कूल से निकाल दिया गया था, लेकिन हाल ही में उसका
पुनर्जन्म हुआ था और उसके जीवन में एक उल्लेखनीय परिवर्तन आया था। इसके अलावा वह आने के लिए बहुत उत्सुक था, इसलिए कुछ समय बाद झिझक के बावजूद मैं उसे लेने के लिए राजी हो गया। इससे हम सात हो गए सभी। यह द्वीप काफी बड़ा था और इसका मुख्य भाग काफी बड़ा था। 'छह हज़ार चूल्हों' वाला गाँव। एक पुराना सहपाठी मेरा एक दोस्त गांव का हेडमास्टर था स्कूल, और मैंने उनसे पहले ही पत्र लिखकर पूछा एक कमरे के लिए जिसमें हम अपने प्रवास के दौरान ठहर सकें 1 जनवरी से 15 जनवरी तक। हालाँकि जब हम पहुँचे, देर रात और अंधेरे में, और जब उसे पता चला कि हमारे पास सुसमाचार प्रचार के लिए आने पर, उसने हमें मना कर दिया आवास। इसलिए हमने गांव के माध्यम से खोज की कहीं ठहरने की जगह की तलाश में, जब तक कि अंततः एक चीनी हर्बलिस्ट को हम पर दया आ गई और उन्होंने हमें अपने घर में ले लिया, वह अपनी अटारी में तख्तों और पुआल पर काफी आराम से रहता था। हर्बलिस्ट के हमारे बनने में ज़्यादा समय नहीं लगा। पहले धर्मांतरित करें। लेकिन यद्यपि हमने व्यवस्थित रूप से
और कड़ी मेहनत की, और यद्यपि हमने पाया कि लोग गांव के सबसे विनम्र, हमें बहुत कम फल मिला द्वीप पर पहुँचकर, हम सोचने लगे कि

ऐसा क्यों था।

9 जनवरी को हम बाहर प्रचार कर रहे थे। भाई वू कुछ अन्य लोगों के साथ एक हिस्से में थे गांव में अचानक लोगों ने पूछा: 'क्यों तुममें से कोई भी विश्वास नहीं करता?' भीड़ में से किसी ने उत्तर दिया एक बार में: 'हमारे पास एक भगवान है-एक भगवान-ता वांग,* ***(* 'कार' के रूप में एक लंबे ए के साथ उच्चारण और अंतिम एनजी बहुत के साथ हल्का-फुल्का लगता है। नाम का अर्थ है 'महान राजा' ।- संपादक)*** ओर वह उसने हमें कभी निराश नहीं किया। वह एक प्रभावशाली देवता है।" तुम्हें पता है कि तुम उस पर भरोसा करते हो?' वू ने पूछा। 'हमारे पास एक दोस्त है जो उस पर भरोसा करता है।' 286 वर्षों तक हर जनवरी को अपना उत्सव जुलूस निकाला वर्ष। चुना हुआ दिन भविष्यवाणी द्वारा प्रकट किया जाता है पहले से ही, और हर साल बिना चूके उसका दिन होता है जवाब मिला, 'यह बिना बारिश या बादल के एकदम सही है।'

'इस साल जुलूस कब है?' 'यह तय है 11 जनवरी को सुबह आठ बजे.' फिर,' कहा भाई वू ने जोश से कहा, 'मैं तुमसे वादा करता हूं कि यह होगा 11 तारीख को निश्चित रूप से बारिश होगी।' तुरंत एक आवाज आई भीड़ से चिल्लाने की आवाज़ आई: "बस बहुत हो गया! हम मैं अब और कोई उपदेश नहीं सुनना चाहता। 11 तारीख को बारिश होगी, तो तुम्हारा भगवान भगवान है!'

जब यह घटना घटी तब मैं गांव में कहीं और था। हुआ। जैसे ही मैंने इसके बारे में सुना, मैंने देखा कि यह था यह खबर जंगल में आग की तरह फैल गई थी और जल्द ही बीस हज़ार से ज़्यादा लोग हमें इसके बारे में पता नहीं था। हमें क्या करना था? हमने अपना काम बंद कर दिया हमने तुरन्त प्रचार करना शुरु कर दिया और प्रार्थना में लग गए।

प्रभु से प्रार्थना की कि यदि हमने कोई सीमा लांघी हो तो हमें क्षमा करें मैं आपको बताता हूँ, हम पूरी तरह से गंभीर थे। क्या हमने कोई भयंकर गलती की है, या क्या
हम ईश्वर से चमत्कार की माँग करने की हिम्मत कर सकते हैं?

जितना अधिक आप प्रार्थना का उत्तर चाहते हैं भगवान, जितना अधिक आप उसके साथ स्पष्ट होना चाहते हैं। संगति के बारे में कोई संदेह नहीं होना चाहिए छाया नहीं के बीच। यदि आपका विश्वास संयोग में होता तो आप उसके साथ विवाद करने की हिम्मत तो करो, लेकिन अन्यथा। अगर हम बाहर फेंक दिए जाते तो हमें कोई आपत्ति नहीं होती कुछ गलत किया था। आखिरकार, आप घसीट नहीं सकते भगवान को उसकी इच्छा के विरुद्ध कुछ करने के लिए मजबूर किया! लेकिन, हमने सोचा, इसका मतलब होगा कि द्वीप में सुसमाचार की गवाही का अंत हो जाएगा , और ता-वांग का शासन सर्वोच्च होगा
हमें क्या करना चाहिए? क्या हमें अभी चले जाना चाहिए?

अब तक हम बारिश के लिए प्रार्थना करने से डरते थे। तभी, एक चमक की तरह, यह शब्द मेरे पास आया: 'कहाँ क्या एलिय्याह का परमेश्वर वही है ?' यह बात इतनी स्पष्टता और स्पष्टता के साथ आई कि मुझे पता था कि यह शक्ति ईश्वर की ओर से है। मुझे पूरा विश्वास था कि भाइयों से कहा: 'मेरे पास जवाब है। भगवान 11 तारीख को बारिश भेजेंगे। हम सब मिलकर उसे धन्यवाद दिया, और फिर, प्रशंसा से भरे हुए, हम सभी बाहर गए हम सातों ने मिलकर सबको बताया। हम इस बात को स्वीकार कर सकते हैं भगवान के नाम पर शैतान की चुनौती, और हम
अपनी स्वीकृति का प्रचार करेंगे। उस शाम हर्बलिस्ट ने दो बहुत ही सटीक टिप्पणियां कीं। निस्संदेह, उन्होंने कहा, ता-वांग एक प्रभावी देवता था। शैतान उस के साथ था छवि। उन पर उनका विश्वास

निराधार नहीं था।
वैकल्पिक रूप से, यदि आप एक तर्कवादी पसंद करते हैं स्पष्टीकरण, यहाँ मछुआरों का एक पूरा गाँव था।
दो या तीन महीने तक पुरुष लगातार यहाँ थे समुद्र में, और 15 तारीख को वे फिर से बाहर होंगे। वे, सभी लोगों को, लंबे अनुभव से पता होना चाहिए जब अगले दो या तीन दिनों तक बारिश नहीं होगी।

इससे हम परेशान हो गए। जैसे ही हम शाम को घर गए प्रार्थना करते हुए, हम सबने एक बार फिर बारिश के लिए प्रार्थना करना शुरू कर दिया-
अभी! तभी हमारे पास एक कठोर आवाज़ आई प्रभु की फटकार: 'एलिय्याह का परमेश्वर कहां है?' हम इस समस्या से कैसे निपटेंगे युद्ध, या हम समाप्त हो चुके युद्ध में आराम करने जा रहे थे मसीह की जीत? एलीशा ने जब
ये बातें कहीं तो क्या किया था? उसने अपने निजी अनुभव में उसी चमत्कार का दावा किया था जो उसके प्रभु एलिय्याह ने किया था। अब महिमा में, खुद प्रदर्शन किया था

में नया नियम की शर्तों के अनुसार, उसने विश्वास के द्वारा अपना पक्ष रखा एक पूर्ण कार्य का आधार।
हमने फिर से अपने पापों को स्वीकार किया। 'प्रभु,' हमने कहा, हमें 11 तारीख की सुबह तक बारिश की जरूरत नहीं है।' हम
सो गए और अगली सुबह (10 तारीख को) हम निकल पड़े एक दिन के प्रचार के लिए पड़ोसी द्वीप पर गए। भगवान बहुत दयालु थे, और उस दिन तीन परिवार उसकी ओर मुड़े, सार्वजनिक रूप से उसे स्वीकार किया और अपनी मूर्तियों को जला दिया। हम देर से लौटे, थके हुए थे लेकिन खुशी मना रहा हूँ। हम कल देर तक सो सकते हैं।
मैं सूरज की सीधी किरणों से जाग गया था हमारी अटारी की एकमात्र

खिड़की से। "यह नहीं है बारिश!' मैंने कहा। सात बज चुके थे। उठकर घुटनों के बल बैठ गया और प्रार्थना करने लगा। मैंने कहा, 'हे प्रभु, कृपया! बारिश भेजो!' लेकिन एक बार फिर, मेरे कानों में
यह शब्द गूंज उठा: एलिजा का भगवान कहाँ है?' मैं नम्र होकर भगवान के सामने नीचे चला गया सन्नाटा। हम नाश्ते के लिए बैठे-हम आठ लोग
साथ में, जिसमें हमारा मेज़बान भी शामिल था-सब बहुत शांत थे। वहाँ आसमान में बादल तो नहीं था, लेकिन हम जानते थे कि भगवान थे प्रतिबद्ध। जैसा कि हमने आशीर्वाद देने के लिए झुके मैंने कहा, 'मुझे लगता है कि समय पूरा हो गया है। बारिश आनी ही चाहिए। अब हम इसे प्रभु के स्मरण में ला सकते हैं।'

हमने चुपचाप ऐसा ही किया, और इस बार जवाब आया इसमें किसी भी प्रकार की फटकार का कोई संकेत नहीं है।
'एलियाह का परमेश्वर कहाँ है?' हमारे आने से पहले ही आमीन हमने टाइल्स पर कुछ बूँदें गिरते हुए सुनीं। जब हमने चावल खाया और हमें परोसा गया तो लगातार बारिश हुई दूसरा कटोरा लेकर मैं कहता हूँ, 'आइये हम फिर से धन्यवाद दें।' कहा, और अब हम भगवान से भारी बारिश के लिए प्रार्थना करते हैं। हमने चावल के दूसरे कटोरे से शुरुआत की, बारिश हो रही थी बाल्टी भर-भरकर पानी नीचे आ रहा था। जब तक हम
समाप्त कर पाए, बाहर की सड़क पहले से ही गहरे पानी में डूब चुकी थी। पानी और घर के दरवाजे पर तीन सीढ़ियाँ जल्द ही हमें पता चला कि गांव में क्या हुआ था। बारिश की पहली बूंद पड़ते ही, कुछ लोग युवा पीढ़ी ने खुलकर कहना शुरु कर दिया है:
भगवान है; टी-वांग नहीं है! उसे अंदर रखा जाता है बारिश से.' लेकिन वह नहीं था. वे उसे बाहर ले गए एक सेडान चेन। निश्चित रूप से वह बारिश को रोक देगा!

फिर मूसलाधार बारिश हुई। केवल कुछ दस या बारह गज की दूरी पर तीन कुली लड़खड़ाकर गिर पड़े।
कुर्सी और उसके साथ ता-वांग भी नीचे गिर गए । उसके जबड़े और बाएं हाथ में फ्रैक्चर हो गया। फिर भी
उन्होंने आपातकालीन मरम्मत की और उसे रखा कुर्सी पर वापस आ गया। किसी तरह, फिसलते और
लड़खड़ाते हुए, वे उसे आधे रास्ते तक घसीटते या ले जाते हुए ले गए गांव के चारों ओर बाढ़ आ गई।
गांव के कुछ बुजुर्ग, 60 से 80 साल के बूढ़े, नंगे सिर और बिना छाते के रहना उनकी आस्था है ता-वांग के मौसम की आवश्यकता थी, गिर गया था और
गंभीर कठिनाइयों में थे। जुलूस रोक दिया गया था और मूर्ति को एक घर में ले जाया गया। 'आज गलत दिन था,' जवाब आया।
'त्योहार 14 तारीख को जुलूस के साथ होना है शाम को छह बजे।" यह सुनते ही वहाँ से लोग आये हमारे दिलों में आश्वासन था: 'भगवान 14 तारीख
को बारिश भेजेंगे। ' हम प्रार्थना करने गए: 'हे प्रभु, 14 तारीख को बारिश भेजो।' 14 तारीख को शाम 6 बजे तक हमें चार अच्छे दिन मिलेंगे फिर।' उस दोपहर आसमान साफ हो गया, और अब हमें सुसमाचार सुनने को मिला। प्रभु ने दिया हम तीस से अधिक धर्मांतरित लोग - असली लोग - गांव में और उन तीन छोटे दिनों के दौरान द्वीप में। 14 वां दिन टूट गया, एक और सही दिन, और हमारे पास अच्छा था शाम होते ही हम मिले और फिर, नियत समय पर, हम चुपचाप ले आए इस मामले को प्रभु को याद दिलाओ। मिनट देर से, उसका जवाब मूसलाधार बारिश के साथ आया और बाढ़ पहले जैसी ही रहेगी।

अगले दिन हमारा समय पूरा हो गया और हमें हम वापस नहीं आए हैं। अन्य कर्मचारियों ने पूछा उन द्वीपों के लिए और हम कभी किसी पर

सवाल नहीं उठाते किसी क्षेत्र पर दावा करना। लेकिन हमारे लिए ज़रूरी बात यह थी उस मूर्ति में शैतान की शक्ति टूट गयी थी, और यह एक शाश्वत बात है। ता-वांग अब नहीं रहा 'एक प्रभावी भगवान'। आत्माओं का उद्धार होगा का पालन करें, लेकिन अपने आप में इस महत्वपूर्ण और के लिए माध्यमिक था अपरिवर्तनीय तथ्य.

हम सब पर इसका प्रभाव स्थायी रहा। परमेश्वर ने खुद को समर्पित कर दिया था। हमने
उस नाम के अधिकार का स्वाद चखा था जो हर चीज़ से ऊपर है नाम-वह नाम जिसके पास स्वर्ग में शक्ति है और धरती और नर्क। उन कुछ दिनों में हम जान गए थे जैसा कि हम कहते हैं, ईश्वर की इच्छा के बिल्कुल केंद्र में होना क्या है
।' वे शब्द अब नहीं रहे हमारे लिए कुछ अस्पष्ट या दूरदर्शी। वर्णित और अनुभव हम खुद थे के माध्यम से। साथ में हमें
'उसकी इच्छा के रहस्य' की एक संक्षिप्त झलक दी गई थी। (1.9; 3.10)। हमारे सारे दिन धीरे-धीरे बीतते थे। सालों बाद मेरी मुलाक़ात हुई 'भाई वू'। मेरा उनसे संपर्क टूट चुका था और बीच में ही वे एयरवेज में पायलट बन गए थे।
जब मैंने उनसे पूछा कि क्या वे अभी भी एयरवेज का अनुसरण करते हैं? भगवान, 'मिस्टर नी!' उन्होंने कहा, 'क्या आप यह कहना चाहते हैं कि हम जो कुछ भी झेल चुके हैं उसके बाद मैं कभी भी त्याग नहीं सकता उसे?'
क्या आप समझते हैं कि 'खड़े होने' का क्या मतलब है? हम समझते हैं जमीन हासिल करने की कोशिश न करें; हम केवल उस
जमीन पर खड़े हैं जिसे प्रभु यीशु ने हमारे लिए हासिल किया है, और इससे हटने से दृढ़तापूर्वक इंकार कर दिया।

जब हमारा आँखें वास्तव में मसीह को हमारे रूप में देखने के लिए खुल गई हैं विजयी प्रभु, तब हमारी स्तुति स्वतंत्र रूप से प्रवाहित होती है और बिना रोक-टोक के। हमारे सुरों में सुर मिलाकर गाते हुए हम अपने हृदय में प्रभु को समर्पित होकर सभी बातों के लिए धन्यवाद देते हैं उसका नाम (5. 19-20)। स्तुति जो परिणाम है प्रयास में परिश्रम और असंगति है, लेकिन प्रशंसा जो अनायास ही हृदय से उमड़ पड़ती है उसमें विश्राम करो, इसका स्वर सदैव शुद्ध एवं मधुर होता है।

मसीही जीवन में एक दूसरे के साथ बैठना शामिल है मसीह, उसके द्वारा चलना और उसमें खड़े होना। हम
अपने आध्यात्मिक जीवन की शुरुआत पूर्ण विश्राम से करते हैं प्रभु यीशु का कार्य। वह विश्राम ही विश्राम का स्रोत है निरंतर और अविचल चलने के लिए हमारी ताकत दुनिया में। और एक भीषण युद्ध के अंत में अंधकार की सेना के साथ हम खड़े पाए जाते हैं हिन ने अंततः विजयी होकर कब्ज़ा कर लिया मैदान।

'उसकी महिमा... सदा-सदा तक हो।'

बड़ा मौका

हम इस पुस्तक को उन लोगों के लिए एक रास्ता प्रदान किए बिना समाप्त नहीं करेंगे जो प्रभु के साथ संबंध बनाना चाहते हैं।

बड़ा मौका

हम इस शीर्षक को सीमाहीन पर तब तक समाप्त नहीं करेंगे जब तक हम उन लोगों को आज शांति बनाने का अवसर प्रदान नहीं करते जिन्होंने यीशु का सामना नहीं किया है

मुक्ति की प्रार्थना

उद्धार की प्रार्थना - परमेश्वर के साथ हमारी पहली वास्तविक बातचीत

"उद्धार की प्रार्थना" सबसे महत्वपूर्ण प्रार्थना है जो हम कभी भी करेंगे। जब हम एक ईसाई बनने के लिए तैयार होते हैं, तो हम परमेश्वर के साथ अपनी पहली वास्तविक बातचीत करने के लिए तैयार होते हैं, और ये इसके घटक हैं:

- हम स्वीकार करते हैं कि यीशु मसीह परमेश्वर है; कि वह पृथ्वी पर मनुष्य के रूप में आया ताकि वह पाप रहित जीवन जिए जिसे हम नहीं जी सकते; कि वह हमारे स्थान पर मरा, ताकि हमें वह दण्ड न भुगतना पड़े जिसके हम पात्र हैं।
- हम अपने पिछले पापमय जीवन को स्वीकार करते हैं - अपने लिए जीना और परमेश्वर की आज्ञा का पालन न करना।

- हम स्वीकार करते हैं कि हम यीशु मसीह पर अपने उद्धारकर्ता और प्रभु के रूप में भरोसा करने के लिए तैयार हैं।
- हम यीशु से प्रार्थना करते हैं कि वह हमारे हृदय में आये, वहाँ निवास करे, और हमारे द्वारा जीवन जीना आरम्भ करे।

उद्धार की प्रार्थना - यह ईश्वर में विश्वास से शुरू होती है

जब हम उद्धार की प्रार्थना करते हैं, तो हम ईश्वर को यह बताते हैं कि हम मानते हैं कि उनका वचन सत्य है। उसने हमें जो विश्वास दिया है, उसके द्वारा हम उस पर विश्वास करना चुनते हैं। बाइबल हमें बताती है कि " *विश्वास के बिना उसे प्रसन्न करना असंभव है, क्योंकि जो ईश्वर के पास आता है, उसे विश्वास करना चाहिए कि वह है, और वह उन लोगों को प्रतिफल देता है जो परिश्रम से उसके खोजी हैं*" (इब्रानियों 11:6)।

इसलिए, जब हम प्रार्थना करते हैं, ईश्वर से उद्धार के उपहार के लिए पूछते हैं, तो हम यह स्वीकार करने के लिए अपनी स्वतंत्र इच्छा का प्रयोग कर रहे हैं कि हम उस पर विश्वास करते हैं। विश्वास का यह प्रदर्शन ईश्वर को प्रसन्न करता है, क्योंकि हमने उसे जानने के लिए स्वतंत्र रूप से चुना है।

उद्धार की प्रार्थना - अपने पापों को स्वीकार करना

जब हम उद्धार की प्रार्थना करते हैं, तो हम स्वीकार करते हैं कि हमने पाप किया है। जैसा कि बाइबल सभी के बारे में कहती है, केवल मसीह को छोड़कर: " *क्योंकि सब ने पाप किया है और*

परमेश्वर की महिमा से रहित हैं" (रोमियों 3:23)।

पाप करना बस लक्ष्य से चूक जाना है, जैसे कि एक तीर जो ठीक निशाने पर नहीं लगता। परमेश्वर की महिमा जिससे हम चूक जाते हैं, वह केवल यीशु मसीह में ही पाई जाती है: " *क्योंकि परमेश्वर ही है जिसने अंधकार में से ज्योति को चमकने की आज्ञा दी, और जो हमारे हृदयों में चमका कि परमेश्वर की महिमा की पहचान की ज्योति यीशु मसीह के चेहरे से दे*" (2 कुरिन्थियों 4:6)।

तो, उद्धार की प्रार्थना यह स्वीकार करती है कि यीशु मसीह ही एकमात्र मनुष्य है जो कभी पाप के बिना रहा। " *क्योंकि उसने जो पाप से अज्ञात था, उसे हमारे लिये पाप ठहराया, कि हम उसमें होकर परमेश्वर की धार्मिकता बन जाएँ*" (2 कुरिन्थियों 5:21)।

उद्धार की प्रार्थना - मसीह को उद्धारकर्ता और प्रभु
के रूप में विश्वास करना मसीह को हमारी पूर्णता का मानक मानक मानते हुए, अब हम प्रेरित यूहन्ना के साथ सहमत होते हुए, उनमें ईश्वर के रूप में विश्वास को स्वीकार कर रहे हैं कि: " *आदि में वचन (मसीह) था, और वचन परमेश्वर के साथ था, और वचन परमेश्वर था। वह आदि में परमेश्वर के साथ था। सब कुछ उसी के द्वारा उत्पन्न हुआ, और जो कुछ उत्पन्न हुआ है, उसमें से कुछ भी उसके बिना उत्पन्न नहीं हुआ*" (यूहन्ना 1:1-3)।

क्योंकि परमेश्वर केवल एक सिद्ध, पापरहित बलिदान को स्वीकार कर सकता था, और क्योंकि वह जानता था कि हम इसे

संभवतः पूरा नहीं कर सकते, इसलिए उसने अपने पुत्र को हमारे लिए मरने और अनन्त मूल्य चुकाने के लिए भेजा। " *क्योंकि परमेश्वर ने जगत से ऐसा प्रेम रखा कि उसने अपना एकलौता पुत्र दे दिया, ताकि जो कोई उस पर विश्वास करे, वह नाश न हो, परन्तु अनन्त जीवन पाए।*" (यूहन्ना 3:16)।

मुक्ति की प्रार्थना - इसे अभी कहो और इसका अर्थ समझो!

क्या आप अब तक पढ़ी गई हर बात से सहमत हैं? अगर आप सहमत हैं, तो यीशु मसीह में अपना नया जीवन शुरू करने के लिए एक पल भी इंतज़ार न करें। याद रखें, यह प्रार्थना कोई जादुई नुस्खा नहीं है। आप बस अपने दिल की बात भगवान से कह रहे हैं। हमारे साथ यह प्रार्थना करें:
"पिता, मैं जानता हूँ कि मैंने आपके नियमों को तोड़ा है और मेरे पापों ने मुझे आपसे अलग कर दिया है। मैं सच में क्षमा चाहता हूँ, और अब मैं अपने पिछले पापपूर्ण जीवन से दूर होकर आपकी ओर मुड़ना चाहता हूँ। कृपया मुझे क्षमा करें, और मुझे फिर से पाप करने से बचने में मदद करें। मेरा मानना है कि आपका बेटा, यीशु मसीह मेरे पापों के लिए मर गया, मृतकों में से पुनर्जीवित हुआ, जीवित है, और मेरी प्रार्थना सुनता है। मैं यीशु को अपने जीवन का प्रभु बनने, आज से मेरे दिल में शासन करने और राज करने के लिए आमंत्रित करता हूँ। कृपया मुझे आपकी आज्ञा मानने और अपने बाकी जीवन में आपकी इच्छा पूरी करने में मदद करने के लिए अपनी पवित्र आत्मा भेजें। यीशु के नाम में मैं प्रार्थना करता हूँ, आमीन।"

उद्धार की प्रार्थना - मैंने यह प्रार्थना की है; अब क्या?

यदि आपने उद्धार की यह प्रार्थना सच्चे विश्वास और हृदय से की है, तो आप अब यीशु के अनुयायी हैं। यह एक तथ्य है, चाहे आप कुछ अलग महसूस करें या न करें। धार्मिक प्रणालियों ने आपको यह विश्वास दिलाया होगा कि आपको कुछ महसूस करना चाहिए - एक गर्म चमक, एक झुनझुनी, या कोई अन्य रहस्यमय अनुभव। तथ्य यह है कि, आप ऐसा कर सकते हैं या नहीं भी कर सकते हैं। यदि आपने उद्धार की प्रार्थना की है और इसे सही अर्थों में किया है, तो आप अब यीशु के अनुयायी हैं। बाइबल हमें बताती है कि आपका शाश्वत उद्धार सुरक्षित है! " *कि यदि तुम अपने मुँह से प्रभु यीशु को स्वीकार करो और अपने हृदय से विश्वास करो कि परमेश्वर ने उसे मरे हुओं में से जिलाया है, तो तुम बच जाओगे*" (रोमियों 10:9)।

परमेश्वर के परिवार में आपका स्वागत है! हम आपको अब एक स्थानीय चर्च खोजने के लिए प्रोत्साहित करते हैं जहाँ आप बपतिस्मा ले सकते हैं और परमेश्वर के वचन, बाइबल के माध्यम से उसके ज्ञान में बढ़ सकते हैं।

आप हमारी साइट www.otakada.org पर भी जा सकते हैं जो आपको मसीह में विकसित होने और बढ़ने में मदद करेगी। डिस्कवरी बाइबल अध्ययन में इस लिंक का उपयोग करके स्वयं यीशु की खोज करें।

https://www.otakada.org/dbs-dmm/

40 दिन की शिष्यता यात्रा

https://www.otakada.org/get-free-40-days-online-discipleship-course-in-a-journey-with-jesus/ के माध्यम से अपनी गति से 40-दिवसीय यात्रा ऑनलाइन शुरू कर सकते हैं

या

आज ही यीशु के साथ व्यक्तिगत शिष्यत्व के सन्दूक में शामिल हों:

टेलीग्राम चैनल

https://t.me/holyghostschooldiscipleship

व्हाट्सएप चैनल

https://whatsapp.com/channel/0029VaV4S1nL7UVSD6UDVD36

यदि आपको मार्गदर्शन की आवश्यकता हो तो
info@otakada.org पर ईमेल भेजें
प्रभु आपके जीवन को विस्तृत करें और आपको आनंद, शांति, प्रेम और सद्भाव से भर दें जो केवल वही दे सकता है, आमीन

शालोम!

Otakada.org टीम

www.ingramcontent.com/pod-product-compliance
Lightning Source LLC
LaVergne TN
LVHW010056061026
849532LV00007BA/2429